Un Ardennais nommé Rimbaud

DU MÊME AUTEUR

Aux Éditions La Nuée Bleue
La Beuquette, Chroniques ardennaises, 1996/1998/2000.
Sedan, une légende du football, récit, 2000.
Nicolas Sachy, Prince de Sedan, 2002.

Aux Éditions René Julliard
La Prof, roman, 1972.
La Petite, récit, 1976.

Aux Éditions Jean-Claude Lattès
Bille de chêne, une enfance forestière, 1996.
Le Pain de suie, roman, 1999.

Au Livre de poche
Le Pain de suie, roman, 2002.

Aux Éditions Didier-Hatier
Les Ardennes de Rimbaud, 1991.

Aux Éditions de la Manufacture
Le Défi de Sedan (l'épopée des footballeurs-ouvriers), préface d'Antoine Blondin, 1984.
Troublantes Ardennes, photographies d'Alain Grillon, 1984.
Le Guide des Ardennes, 1986.
La Haute Chevauchée, roman, 1990.

Aux Éditions de la Société des Écrivains ardennais
L'Été de la Saint-Martin, roman, 1969, Les Cahiers ardennais.

YANNY HUREAUX

Un Ardennais nommé Rimbaud

Préface d'André Velter
Photographies de Gérard Rondeau

LA NUÉE BLEUE
L'ARDENNAIS

Pour l'aide qu'ils lui ont apportée, l'auteur exprime sa vive gratitude à Gérard Martin, conservateur en chef des bibliothèques municipales de Charleville-Mézières, à Alain Tourneux, conservateur du musée Rimbaud et du musée de l'Ardenne, à Maryse Aubry, présidente de l'association Roche-Rimbaud, au Conseil général des Ardennes, à Franz Bartelt, Michel Carly, Marie-Claire de Coninck, Guy Féquant, François Squévin, Jacqueline Tessier-Rimbaud. Il remercie plus particulièrement Pascal Tresson, qui l'a autorisé à donner comme titre à cet ouvrage celui du scénario du spectacle « son et lumière » présenté à l'été de 2001 et de 2002 par l'association ardennaise de La Cassine, scénario dont il est l'auteur.

Une édition plus succincte de cet ouvrage a paru en 1991 aux Éditions Didier-Hatier sous le titre *Les Ardennes de Rimbaud*.

ISBN 2-7165-0601-4

À Bachar Jabbour

À Bertrand Mathieu

Nostalgie de la place forte de Mézières : la tour du Roy et son fossé.

PRÉFACE

À tous ceux…

par André Velter

À tous ceux qui savent que Rimbaud est né à Charleville,

à tous ceux qui savent que Rimbaud a détesté Charleville comme toutes les autres villes abordées sur la terre,

à tous ceux qui se demandent d'où est sortie cette impatience d'adolescent perpétuel,

à tous ceux qui ne craignent pas d'affirmer que la poésie sans la vie n'est pas la poésie,

à tous ceux que Rimbaud exaspère,

à tous ceux que Rimbaud illumine,

je dis de lire ce livre.

À tous ceux qui n'ont pas gâché leurs godillots dans une flache,

à tous ceux qui n'imaginent pas que les barques sur la Meuse se frottaient au sang des abattoirs,

à tous ceux qui n'ont pas vu de groseilliers massacrés par des soldats du Génie,

à tous ceux qui oublient le chaos patriotique et la déroute de 70,

à tous ceux qui parlent de la poudre d'escampette sans avoir le cœur qui explose,

à tous ceux qui ne se sont jamais entêtés affreusement à adorer la liberté libre,

je dis de lire ce livre.

À tous ceux qui n'entendent pas le monde qui s'effondre quand ils marchent sur la neige,

à tous ceux qui ne découvrent aucune charge symbolique dans les carcasses suspendues aux crocs d'une boucherie en feu,

à tous ceux qui ne perçoivent pas les frémissements des temps sauvages,

à tous ceux qui ne rêvent pas d'ermitage ni de pain sec,

à tous ceux qui ne rêvent pas de révolution idéale,

à tous ceux qui ne rêvent pas d'un réel porté au-delà, plus loin, plus avant que la plus extrême limite,

je dis de lire ce livre.

À tous ceux qu'accablent les compromis grégaires,

à tous ceux qui cherchent le lieu et la formule,

à tous ceux qui arpentent les lisières de moins en moins inexplorées du globe,

à tous ceux qui s'en tiennent aux rivages sans fin des songes,

à tous ceux qui ont soif d'impossible,

à tous ceux qui veulent en eux un soleil plus vif que leur vie,

je dis qu'ils trouveront dans ce livre les traces de la grande énigme qui a fait du fils d'un capitaine fantôme et d'une mère irréductible celui qui définitivement échappe, se joue des balises et des balivernes, ouvre d'un trait de scie plus que d'un trait de plume le moi individuel et l'être collectif à autre chose.

A. V.

AVANT-PROPOS

Ardennais

Chez nous, dans les Ardennes, comment ne pas désacraliser Arthur Rimbaud ? Si l'on ose dire, « il est du coin » ! Il fut mis en nourrice dans une famille de cloutiers de mon village, peut-être chez les parents de mon bisaïeul Auguste Hureaux dont le voisin et ami Victor Many fut camarade de classe de Rimbaud Arthur, au collège de Charleville. Je vous assure qu'André Dhôtel me parlait de l'auteur du *Bateau ivre* comme s'il s'agissait d'un voisin avec qui il allait à la pêche et aux champignons. À se demander si ce n'était pas Arthur qui surgissait dans la grand-rue du Mont-de-Jeux, village où l'illustre romancier ardennais séjournait l'été et où habitait une des nièces du poète ! Cette familiarité fait que je porte sur Rimbaud un regard particulier, totalement étranger au patriotisme régionaliste. Planétaire, universel, cosmique, sidéral, Rimbaud ne peut évidemment pas être réduit à un terroir. Cependant, à mes yeux, il est un Ardennais, un homme de nos bois, de notre Meuse, de nos rivières, de nos pluies, de nos campagnes, de nos guerres, de nos misères, de nos rêves, de notre frontière – la belge ! La terre de son pays natal colle aux *Semelles de vent* du poète. Jamais il n'a pu s'en défaire, même au fin fond du Harar. Elle a enfanté sa révolte, son génie. Elle a fini par l'ensevelir.

En 1991, quand parut la première édition plus succincte de cet ouvrage, Pierre Petitfils, éminent biographe de Rimbaud, m'adressa une lettre rassurante. « Je suis heureux, affirmait-il, que vous ayez écrit ce livre vrai sentant le terroir. Il renforce ma conviction que

Rimbaud ne peut être dissocié des Ardennes… Votre livre n'est ni un livre d'histoire ni un roman, c'est du reportage direct.»

Vrai que je me suis efforcé de marcher sur les pas de Rimbaud dans les Ardennes qu'il a connues, subies, détestées, espérées, aimées, fuies, emportées, immortalisées. Celles de sa mère Vitalie Cuif, paysanne de Roche, fille de Dieu et du Devoir. Celles de l'occupation prussienne et de la révolution industrielle. Celles du chocolat belge et de Paul Verlaine. À Charleville, son *Charlestown*, nous suivrons l'enfant de la rue des pauvres ébloui par la barque d'un tanneur, le collégien surdoué, le voyou devenu *Voyant*, le *Voyageur toqué,* le poète inconnu, le défunt rapatrié honoré d'un étrange enterrement de première classe. Dans les sentes et les fourrés des Ardennes belges, nous traquerons le fraudeur de tabac, le fugueur roublard, l'amant de Verlaine. À Roche, nous découvrirons un Rimbaud paysan enraciné dans les terres et les turpitudes des Cuif.

Y. H.

PREMIÈRE PARTIE

Charlestown et ses rivages

« Les gens de Charleville sont grincheux comme leur climat, froids et traîtres comme le brouillard de la Meuse, égoïstes surtout. L'Ardennais est, par tempérament, ennemi de la poésie, non sentie même par ceux qui se piquent de la comprendre. »

ISABELLE RIMBAUD, SŒUR DU POÈTE
(Lettre à Paterne Berrichon, 30 décembre 1896)

CHAPITRE I

La Valse des fifres

C'est en 1852, deux ans avant la naissance de son fils Arthur, que le capitaine Frédéric Rimbaud est affecté au 2e bataillon du 47e régiment d'infanterie de Mézières, le chef-lieu des Ardennes. Ce célibataire de trente-huit ans arrive d'Algérie où, en juin 1847, lui fut confiée la direction du Bureau arabe de Sebdou, à la frontière du Maroc. Tolérant et ouvert, apprenant l'arabe, traduisant le Coran, il s'acquitta de sa tâche avec tact et intelligence. Ses rapports sur les révoltes et les mœurs des indigènes sont clairs et précis. Cet homme d'épée avait de la plume. Son enquête sur les sauterelles est écrite dans une langue parfaite. Le papa d'Arthur était un écrivain. Si seulement il avait pu laisser une étude sur les sangliers et les indigènes des Ardennes ! Quel beau et précieux livre elle serait devenue !

Au temps du capitaine Rimbaud, plus encore qu'à l'époque du chevalier Bayard, Mézières était une formidable place forte chargée de cadenasser la vallée de la Meuse. À l'orée de la sauvage forêt d'Ardenne, les invasions ne sont pas des légendes : elles vous tombent dessus comme les neiges de février, inexorablement. La corne de Saint-Julien, la corne d'Arches, la couronne de Champagne, la tour du Roy, la tour Joly, la tour Milard, la tour de l'École caparaçonnaient une enceinte de murailles dominée par une citadelle flanquée de six bastions à orillons. L'accès à la ville était étroitement surveillé par sept portes fortifiées. Cernés par les fortifications, écrasés par l'histoire, quelque cinq mille Macériens (c'est ainsi que l'on nomme les habitants de Mézières) tenaient, vaille que vaille, dans cette place de guerre. Ici, même en pleine paix, c'était l'état de siège, le réveil au clairon, les tirs à blanc des artilleurs et des fantassins, les ponts-levis qui se levaient quand tombait la nuit. La démolition de l'enceinte fortifiée décrétée en 1884, les bombardements meurtriers de 1870, 1918, 1940, 1944 ont largement aéré Mézières. La Mézières du capitaine Rimbaud, elle, n'avait pas quitté le Moyen Âge. L'actuelle place de l'Hôtel-de-Ville, le quartier du château et de la basilique n'étaient alors qu'un dédale de rues étroites, tortueuses, mal pavées. La rue des Étuves semblait toujours attendre arbalétriers et arquebusiers : une maison y exhibait canardières et mâchicoulis. La rue du Rempart était tellement biscornue qu'il avait fallu y aménager un accès pour les affûts de canons. Il s'agissait de la rampe Bonaparte de la Courtine. Dans cette ville livide, la moindre pluie devenait encre, la brume se faisait nuit. Les coupe-gorge y aiguisaient les bises de novembre en lames de rasoir. Où étaient les cieux étincelants, les blancs minarets, les palmiers d'Algérie ? Ici, même le soleil faisait grise mine. Dans le méli-mélo des rues et des ruelles déambulait un petit peuple qui, lui aussi, avait oublié de quitter le Moyen Âge. Rue du Marché-aux-Fromages, rue des Étuves, rue des Pêcheurs, rue du Petit-Bourg, Rue-qui-glisse, rue du Pont-de-Pierre s'agitaient serruriers, tailleurs, boulangers, cabaretiers, blanchisseuses, modistes, giletières. Ni manufactures ni ouvriers. À peine une vingtaine de forges, trois ou quatre tanneries, deux brasseries. Mézières n'avait le droit d'exister que pour la gloire de la patrie et la gloriole du préfet. Dans le carcan des murailles, l'armée étranglait l'activité économique. Mézières était une prison. Notre officier d'infanterie de ligne était condamné à macérer chez les Macériens !

Triste Mézières

Il logeait à la caserne Bayard, située dans – ou plutôt sous – la citadelle. Profondément ensevelies sous des montagnes de terre, même aux beaux jours les salles voûtées y demeuraient d'une telle humidité qu'à l'époque du capitaine Rimbaud un médecin-inspecteur osa ce rapport : « Il y a cas de conscience à laisser la garnison dans de telles casernes… Les rhumatismes, les phtisies, les bronchites y sont invincibles. »

Que faire dans pareille ville ? Le capitaine a dû vite se lasser de l'animation campagnarde de la porte Saint-Julien où les maraîchers vendaient à la criée du cresson de Warcq et des raves de Prix. En revanche, cet homme de goût et cultivé n'a pu qu'admirer la basilique Notre-Dame, dont le gothique flamboyant se mêle avec grâce au style Renaissance du portail et de la tour. En 1852, cette tour était encore coiffée d'un toit étrange que le futur papa d'Arthur a pu comparer au casque à pointe prussien. Qu'est-il allé applaudir dans la récente « salle des spectacles » proche de l'hôtel de ville ? De médiocres vaudevilles ? Quelque comique troupier ? Pour tuer le temps, il y avait aussi la bière, l'alcool, le billard et peut-être les filles du café de la Cloche et du café Turc. Là encore, comme dans les rues, comme à la messe, comme au spectacle, que rencontrait-on sans cesse, sinon des militaires ? Dans Mézières, on n'en sortait pas de la gent soldatesque. Il fallait toujours avoir la main au képi. Le seul lieu de relative évasion demeurait la promenade du Bois-d'Amour, en rive de Meuse, sous la porte de Saint-Julien, au niveau de l'actuelle rue du Bois-d'Amour. En 1722, si l'on avait planté là des rangées d'arbres, c'était évidemment dans une perspective militaire : troncs, branches et frondaisons avaient reçu l'ordre de camoufler les fortifications du coin. En attendant la guerre, chaque dimanche après-midi, la musique du 47e régiment d'infanterie de ligne y offrait une aubade. Les soirs où la pluie et le froid faisaient relâche, la promenade portait allègrement son nom. Espérons que le capitaine ait pu cueillir, au moins une fois, un brin de tendresse dans cette promenade du Bois-d'Amour où, bientôt, son fils Arthur échangerait – pour s'amuser – quelques coups de poing avec son copain Ernest Delahaye, celui-là même qui écrira ses passionnants *Souvenirs familiers à propos de Rimbaud*. La mère d'Ernest tenait une épicerie, Grand-Rue, à Mézières. Il n'est pas impossible qu'en cette année 1852 le capitaine lui ait acheté des cachous ou des bâtons de réglisse.

La présence du préfet imposait aux officiers de la garnison des charges supplémentaires : séances de travail, rédaction de rapports, branle-bas de combat lors de l'accueil des ministres. La préfecture était aussi un lieu de faste et de plaisir. Installée dans l'ancienne École royale du génie, elle s'ouvrait – la grille en fer forgé n'existait pas encore – sur la place d'Armes. Ici, les fortifications relâchaient leur étreinte. Ici, l'autorité suprême et le pouvoir local (l'hôtel de ville donnait alors sur l'actuelle place de la Préfecture) s'abandonnaient volontiers aux charmes aristocratiques. Nobles, grands bourgeois, dignitaires de Mézières y tenaient plus encore que le haut du pavé. Le maire de la cité, M. le vicomte de Béthune de Jaubert, habitait l'ancien hôtel du chevalier de Chastillon. Celui des Fumeroy de La Berlière était occupé par le receveur général des Finances. De leurs loggias à colonnades, la vue sur les cérémonies militaires se voulait imprenable. Ce beau monde n'avait que deux pas à faire pour se rendre dans les salons de la préfecture où trônait un préfet déroutant, le vicomte Foy. Il a dû faire un peu trembler et beaucoup rire le capitaine Rimbaud. Impérial et impérialiste, plus napoléonien que Louis-Napoléon, ce noble chevalier servant choisira de mettre fin à ses jours peu de temps après que Napoléon III avait sombré, à l'été de 1870, dans la campagne ardennaise. Les femmes et les caricatures, telles étaient ses deux passions. Elles se confondaient lorsqu'une grande dame du Tout-Mézières s'en venait prendre la pose devant le maître. Il la croquait avec talent et délice. Lors d'une réception ou d'un bal à la préfecture, le capitaine a dû baiser la main d'une de ces belles créatures. Elles dorment aujourd'hui dans les cartons des Archives départementales, parmi les nombreux dessins de ce préfet extraordinaire.

Engagé à dix-huit ans, sorti du rang, fils d'un tailleur de Dole, Frédéric Rimbaud ne pouvait espérer courtiser la fille d'un grand de Mézières pour la conduire devant M. le maire. À trente-huit ans toutefois, l'annulaire gauche le démangeait. Il en avait assez des filles des bordels ou des petits bals de garnison. Il rêvait d'une épouse, d'un foyer, d'un fils qui serait digne de son grand-père Didier, le tailleur de Dole. Un grand-père à titre posthume. C'est à Mézières, au printemps de 1852, que le capitaine apprit la mort de son père. C'est dire qu'au retour des obsèques, les murailles et le ciel du chef-lieu des Ardennes lui parurent plus noirs encore.

Mézières, cependant, ne ressemblait à aucune autre place forte. Mézières n'était ni Rocroy, ni Montmédy, ni Philippeville, ni

Mariembourg. Mézières n'était pas seulement un crabe de terre, une carapace accrochée à des terres d'apocalypse avec, à la ronde, jusqu'à l'infini, des hameaux miséreux, des bois à loups, des horizons chargés de pluie jusqu'à la gueule. Mézières avait plus encore que de la chance, Mézières était bénie des dieux. Sa providence s'appelait et s'appelle toujours Charleville. Charleville, la folie de Charles de Gonzague, ce prince de Mantoue tout droit sorti d'un conte de fées! En 1598, pour fouler les pavés de Rome, n'avait-il pas exigé que son cheval fût ferré d'or? En 1606, autre folle extravagance, il décide de bâtir une «neuve et incomparable ville», dans une boucle de la Meuse, à l'ombre des murailles de Mézières! Une petite Florence, une nouvelle Mantoue au pays des sangliers! En vingt ans, le mirage devient miracle. Une ville splendide se dessine et s'érige dans un périmètre défini ainsi: un rectangle de six cent cinquante mètres sur cinq cents. Places, rues, quai de Meuse sont tirés au cordeau. Sur la carte d'état-major, au bout du doigt du capitaine Rimbaud, à côté de Mézières la biscornue, voyez le parfait damier de Charleville! Ici, le monstrueux zigzag des fortifications, le fouillis des rues: froideur et laideur. Là, l'ordonnance absolue, le culte du beau: même le moulin à eau se doit d'être en harmonie avec la place Ducale. Ici, la grosse-caisse, les tambours; là, le menuet, la musique de chambre, la symphonie perpétuelle de la pierre jaune de Dom, de la brique rose, de l'ardoise de Fumay fixée avec des clous de cuivre.

Charleville tend les bras au capitaine Rimbaud

Dans ses *Souvenirs familiers à propos de Rimbaud*, Ernest Delahaye oppose «le vieux, tout renfrogné et noir» Mézières à Charleville «blanche et coquette». Ville noire, ville blanche: un urbanisme colonial qui a rappelé l'Algérie au capitaine Rimbaud. L'ancien chef du Bureau arabe de Sebdou n'a pu que se passionner pour les querelles indigènes entre les «boyaux rouges» de Mézières et les «boyaux blancs» de Charleville. À la fois enchanté et peiné par ces luttes tribales, le vicomte préfet caricaturiste d'alors a dû l'interroger sur ce drôle et grave sujet:

– Après tout, capitaine, qu'est-ce qui sépare les «boyaux rouges» des «boyaux blancs»?

Au cœur de Charleville et de la Rimbaldie, la Meuse et le Vieux-Moulin
où le *Bateau ivre* a levé l'ancre.

– La Pré-au-pont, monsieur le préfet !
– Exact, capitaine !
Curieux et instruit, Frédéric Rimbaud savait déjà que le fond du problème se situait ailleurs que dans cette vasque de prairies où, en deçà du pont de Mézières, la Meuse, parfois, débordait. Dans le langage un peu cru des militaires, il aurait pu résumer ainsi la raison profonde d'une telle hostilité : les Carolopolitains (il s'agit là du nom officiel des habitants de Charleville) cocufiaient les Macériens. Dès 1606, en effet, le prince de Gonzague avait voulu que « la ville de Charles » devînt une grande cité commerçante. Au fil des siècles et de la Meuse, autour de la place Ducale et du port fluvial, « un des plus commodes jusqu'à Amsterdam », Liégeois, Flamands, Germains, Italiens, Français ne cessèrent de s'affairer dans « la neuve et incomparable ville » où se multipliaient commerces et manufactures. C'est le cœur léger que les habitants de Charleville laissèrent Vauban démolir leurs fortifications pour épaissir celles de Mézières. À vous, héroïques Macériens, la gloire et les malheurs des combats ! À nous, pauvres Carolopolitains, les richesses de la guerre ! À Charleville, la guerre comme la paix, c'est d'abord une juteuse affaire. Sa manufacture d'armes sera la plus importante du Premier Empire. Si le capitaine Rimbaud avait écrit sa « campagne ardennaise », il aurait noté cette évidence : Charleville est une ville supérieurement intelligente entre les petites villes de province. En 1805, le préfet Frain avait osé proposer aux municipalités macérienne et carolopolitaine de se fondre en une seule cité, Napoléonville ! Prétendre unir une ville belle, ardente, connue du monde entier, à un tas de murailles deux fois moins peuplé qu'elle : leur préfecture et leurs préfets, les Macériens, ils pouvaient se les mettre là où les Carolopolitains le pensaient !

De l'autre côté de la Pré-au-pont, la ville de Charles de Gonzague tendait les bras au capitaine Rimbaud. Avec elle, tellement jolie, tellement ardente, il oublierait la nuit glauque de Mézières. Elle était la lumière des officiers et des pioupious de la garnison macérienne. Qu'en ce beau jeudi de juillet 1852, notre officier d'infanterie de ligne veuille bien nous laisser l'accompagner dans Charleville !

Il fait chaud. La veille, *Le Courrier des Ardennes* a affirmé que « seigles et blés seront, cet été, exceptionnels ». Après avoir franchi la

Meuse et le bastion d'Arches, le capitaine s'engage sur le long viaduc de la Pré-au-pont, où paissent oies et vaches. Cette cuvette herbeuse de quarante hectares accueille les crues du fleuve. À l'entrée du viaduc, après la porte d'Arches (aujourd'hui rue du Préfet-Frain), le capitaine répond aux saluts des sentinelles. Ici commence Charleville. D'emblée, même un jeudi, c'est dimanche, c'est la fête. Les Carolopolitains nous accueillent par une allée doucement montante, bordée de peupliers (en 1856, ils seront remplacés par des marronniers). Il s'agit du cours d'Orléans (aujourd'hui cours Briand). À l'époque, on l'appelait les Allées ou, plus joliment encore, Sous-les-Allées. De part et d'autre du cours d'Orléans, dans les quartiers urbains traversés de nos jours par les avenues De Gaulle, Leclerc, Forest, Gambetta, tout n'était que jardins ou terrains vagues. Les artilleurs de Mézières n'y toléraient que constructions en bois : il ne fallait pas que des bâtiments en dur vinssent à abriter les assaillants. En 1852, le périmètre urbain de Charleville n'a que peu débordé celui qu'avait défini au XVIIe siècle Charles de Gonzague. En 1854, année de la naissance du poète, on y recensa neuf mille deux cent trente-sept habitants.

Déjà, en haut des Allées, le capitaine Rimbaud a franchi la grille aux fers de lance dorés qui remplace la lourde Porte de France démolie en 1803 (à Mézières, c'est l'inverse que l'on aurait fait !) Dans la rue Napoléon (aujourd'hui rue Bérégovoy) commence la vraie Charleville. Quelle agitation ! Quel bonheur de vivre, c'est-à-dire de prospérer dans les affaires ! Au 12, rue Napoléon, notre officier s'arrête devant la librairie de M. Letellier Prosper. Sur le haut de la façade, en juillet 1901, on fixera une plaque de marbre blanc, où il est question de la naissance, en ces lieux, d'un « explorateur » qui fut aussi « poète ». Le capitaine accélère le pas pour traverser la rue Bourbon. Sale, nauséabonde, elle lui répugne au plus haut point. Il sort de là des ouvriers sales et de sales gosses aux gueules d'effarés. Mais, déjà, la Grand-Rue (aujourd'hui rue de la République) apaise le capitaine en le livrant aux enchantements de la place Ducale. Cette fille de Charles de Gonzague, sœur jumelle de la place Royale à Paris, ne cesse de l'émerveiller. Il aime l'harmonie parfaite des vingt-trois pavillons. Il aime le bleu ardoise de leur chapeau, le rose de leur joue, leurs pieds jaunes. Rigueur et candeur : des chevaliers au regard d'enfant. Au milieu de l'immense place pavée, la fontaine date de 1844. Simple colonnade, simple vasque, elle conviendrait mieux à un village. En conclure que la municipalité manque d'envergure serait excessif. Ne vient-elle pas d'offrir un fier beffroi à son hôtel de ville ? Tel qu'il se dresse, place Ducale, il a plutôt l'air d'un paysan endimanché s'invitant à la cour du prince. Ce détail a dû amuser notre capitaine. Il déambule sous les quatre-vingt-seize arcades de la place. En ce jour sans marché, même le peuple au travail semble en vacances. Les ombrelles des jolies dames et les enseignes colorées des façades ne sont-elles pas autant de pétales de rose ?

Le capitaine a quitté la place. Il se dirige vers la Meuse. Devant lui, un moulin à eau. Derrière lui, la place Ducale, la Grand-Rue, la rue Napoléon, les Allées. Le tout s'inscrit dans une perspective superbement rectiligne. À Charleville, on va toujours droit au but.

Voici le moulin des Carolopolitains. Un moulin, une telle splendeur ? C'est le prince de Gonzague qui en a décidé ainsi. À Charleville, on mêle toujours l'agréable à l'utile. L'agréable ? Non, l'absolument majestueux. Le plus beau moulin à eau de France, du monde ! Sur la façade, quatre colonnes ioniques à bagues. Un colosse aussi gracieux qu'un pavillon de la place Ducale. Jamais, au grand jamais, Frédéric ne pourrait imaginer qu'un siècle plus tard, ce moulin sur la Meuse accueillera les reliques de son fils cadet et deviendra un musée portant son nom.

Face au moulin, le capitaine tire sa montre du gousset. Soudain, il exécute un demi-tour à droite. Visiblement, il a retrouvé le pas cadencé et l'air renfrogné des mauvais jours. Il craint d'arriver en retard au concert que chaque jeudi, l'orchestre du régiment de Mézières s'en vient donner à Charleville. Sur le quai du Sépulcre (aujourd'hui quai Charcot), notre officier accélère l'allure. Plus encore que d'ordinaire, l'odeur âcre des tanneries et les embarras de la circulation l'indisposent. Que de charrois ! Quel boucan ! Port sur la Meuse, Charleville est aussi une ardente cité industrielle. Que de forges, de clouteries, de ferronneries où l'on fabrique pelles, pincettes, targettes ! À Charleville, on forge son destin même sur l'enclume. Mille six cents tonnes de fer y seront travaillées ou commercialisées en cette année 1852. Si MM. Agard, Dertelles,

Bezinge sont de puissants maîtres de forge, dans les salons feutrés de la bourgeoisie locale, on parle beaucoup de nouveaux venus, Émile et Alfred Corneau, ou encore Gustave Gailly : ces ferronniers-là auraient des dents d'acier. Avec la tannerie, l'autre grande spécialité de Charleville est la fabrication des brosses et des pinceaux en soie et bruyère. En 1852, François Blaise, le fondateur de la Brosserie de Charleville, expédie huit cent cinquante tonnes de ses produits dans le monde. Le plus riche et le plus généreux des industriels demeure M. Claude-Joseph Lolot. En 1848, il a mis à la disposition des Carolopolitains une immense propriété dans laquelle il a fait aménager une promenade d'une rare beauté. Elle est dominée par un gracieux belvédère. Tous les concitoyens de ce bourgeois au grand cœur l'appellent – juste reconnaissance – la tour Lolot. En rive droite de Meuse, face au quai des Tanneurs, elle domine une forte colline boisée, généreux prélude au massif de l'Ardenne. Il s'agit du mont Olympe.

Une Cuif de Roche, hameau de Chuffilly

La tour Lolot n'a pas droit à un regard du capitaine Rimbaud. Pas plus que le joli clocheton et les façades ocre et jaune de la paisible place du Sépulcre (aujourd'hui place de l'Agriculture). Dans un coin de cette esplanade, sur un mur, depuis 1954, une plaque de marbre rappelle qu'un poète fut collégien en ces lieux. Était-il aussi explorateur ? Sitôt après la place du Sépulcre, face au pont suspendu « de Montcy », l'officier exécute de nouveau un demi-tour à droite. Il pénètre dans le pays des potagers et des bosquets, où la ruelle du Petit-Bois et la rue de la Gravière (aujourd'hui avenue Forest) suivent leur bonhomme de chemin. Il longe le cimetière, aujourd'hui disparu, qui se situait près du stade du Petit-Bois. Peu après la rencontre avec le chemin des Pintaux (aujourd'hui avenue Jean-Jaurès), voici un terrain vague vaguement aménagé en jardin public. Quelques arbres, quelques bancs. À peine « ces mesquines pelouses » qu'Arthur immortalisera dans son poème *À la musique*. En 1852, il n'y avait ni square, ni kiosque, ni gare. De l'arrivée du chemin de fer dans ce coin champêtre, le capitaine a dû entendre parler, au mess ou à la préfecture. Pour l'instant, c'est bien là le dernier de ses soucis. Sur un monticule herbeux, les musiciens ont déjà commencé leur aubade. Autour d'eux, « des bourgeois bouffis qu'étranglent les chaleurs, des rentiers à lorgnons, des pioupious qui caressent les bébés pour enjôler les bonnes ». Soudain, tandis que « L'orchestre militaire, au milieu du jardin / Balance ses schakos dans la *Valse des fifres* », notre officier croise un regard de femme. Le capitaine s'approche. Elle, ostensiblement, a repris la position réglementaire face aux musiciens en uniforme. Elle tressaille : il le perçoit. Déjà, il devine qu'elle n'est pas de celles « dont les volants ont des airs de réclames », de ces dames qu'il effleure dans les salons de la préfecture. Cette demoiselle possède la rigueur paysanne qu'alanguissent à peine les habits du dimanche. Sans coup férir, elle a pris racine dans la terre et la religion. Elle a dans les trente ans, l'âge où un arbre fruitier commence à donner. Soudain, un trouble étrange les met, l'un et l'autre, aux arrêts de rigueur.

– Je me présente, capitaine Frédéric Rimbaud, 47e d'infanterie de Mézières.

– Moi, je suis Vitalie Cuif. Je suis de Roche, hameau de Chuffilly. C'est dans le sud des Ardennes, là-bas, près de Vouziers. Depuis que nous avons cédé la ferme, je vis avec mon père à…

– À Mézières, mademoiselle ?

– Non, monsieur, à Charleville, rue Napoléon.

Ils s'en vont l'un près de l'autre, « le long des bancs verts où des clubs d'épiciers retraités tisonnent le sable avec leur canne à pomme ». Au rythme de la *Valse des fifres*, ils s'engagent sur le chemin du Petit-Bois et du grand destin. Est-ce en rive de Meuse, à l'ombre de la Tour Lolot, place Ducale ou Sous-les-Allées qu'ils se sont dit ce que l'on devine ? À la fête Napoléon, le 15 août 1852, l'a-t-elle accompagné sous les ors de la préfecture ?

Les choses sont menées tambour battant. Sept mois après le beau jeudi de juillet, ils se marient. Elle a vingt-sept ans. Lui, trente-huit. On ne connaît aucune photographie du capitaine Rimbaud. Il faut se contenter du témoignage de Paterne Berrichon, beau-frère posthume d'Arthur. Dans son hagiographie de Rimbaud, il affirme que le capitaine était « un homme de taille moyenne, blond, au front haut, aux yeux bleus, au nez court, à la bouche charnue, portant, à la mode de ce temps-là, la moustache à l'impériale ». Quant à

Vitalie Rimbaud-Cuif, sa belle-mère, Berrichon la dépeint en ces termes : « Une femme au-dessus de la moyenne, aux cheveux châtain foncé, au teint discrètement basané, au front large, au nez bien droit, à la bouche mince. Maigre, les mains longues et noueuses, elle avait l'allure fière et énergique. »

Dans la corbeille de mariage, l'officier à la moustache impériale dépose son sabre et ce qu'il a de plus cher au monde : une grammaire de langue française. Elle est son évangile en second. Sur la page de garde, il a tenu à écrire ses deux commandements. Voici le premier : « La grammaire est le fondement de toutes les connaissances humaines. » Quant au deuxième : « Sans un peu de travail, on n'a point de plaisir », il attend toujours d'être proposé comme sujet de philosophie au baccalauréat. Dans la corbeille de mariage, la paysanne de Roche, elle, dépose une dot considérable : « trente mille francs or » et « quatre-vingt-cinq ares quatre-vingt-deux centiares de bois situés sur les territoires de Tourteron et de La Sabotterie, arrondissement de Vouziers ». Oraison à la raison, ce mariage scelle pour l'éternité l'armée et la terre. Autre providence, depuis deux mois, le prince Louis-Napoléon est devenu Napoléon III. L'empereur n'est-il pas le second bon Dieu des seuls Français qui ont du bien sur terre et dans l'âme : les paysans et les militaires ?

Fervente chrétienne plus encore que pieuse et dévote, Vitalie Cuif, lors de la messe de mariage, remercie Dieu comme jamais encore elle n'a osé le faire. À s'en tordre les doigts. À en déchirer son voile sur le chêne du prie-Dieu. Elle devient Mme Frédéric Rimbaud, pas une dame du grand monde, mais une dame du monde droit, fort comme un épi de blé et beau comme un officier de l'armée impériale. Seigneur, ce n'est jamais de la vie possible ! Un conte de fées ! Elle que tous les paysans de Roche, de Chuffilly et de tout le canton d'Attigny voyaient rester vieille fille *ad vitam aeternam* ! Le grand malheur de sa petite enfance la destinait à rester à jamais demoiselle. Dans le hameau de Roche, elle était une fillette radieuse. Elle s'amusait avec les poussins, les chatons, les fils de la Vierge. Parfois, son père l'asseyait sur une charrette et ils s'en allaient, au petit trot, jusqu'au marché d'Attigny. Il y avait bien le grand frère Charles-Félix pour l'agacer de temps en temps, lui tirer les cheveux, la pousser dans la mare aux canards. Le 5 mai 1830, l'année de ses cinq ans, dans un des choux du potager, sa maman lui avait découvert un petit frère, Charles-Auguste. Vitalie, émerveillée, le berçait près de l'âtre où brûlaient des souches de saule. D'un coup, comme se brise une branche sous le poids des pommes, le 9 juin de la même année, M. le curé, les enfants de chœur et une charrette, tout de noir habillés, sont venus chercher la mère de Charles-Félix, de Vitalie et de Charles-Auguste. Le petit dernier avait un mois et trois jours. À l'âge où les petites filles jouent à la poupée, Vitalie devenait la maîtresse de maison. Nicolas Cuif, son « bon père », homme digne, n'avait pas voulu reprendre femme. Des années et des années durant, à la ferme de Roche, de bien avant les matines jusqu'à bien après l'angélus, Vitalie vaquait du poulailler à l'écurie, du jardin aux champs, de la cuisine au lavoir. C'était son devoir : il fallait l'accomplir. Au mieux et en silence. Dieu soit loué, il y avait sa foi et son « bon père » pour l'assister !

Les deux frères ? S'il avait fallu compter sur eux ! Des chenapans, des bons à rien, le Charles-Auguste et le Charles-Félix. Pas un pour racheter l'autre. Dire qu'en ce 8 février 1853, ils n'assistent même pas au mariage de leur sœur en l'église de Charleville ! En cet instant solennel où les époux échangent les anneaux d'or, oserait-on avouer où il roule sa bosse, le Charles-Félix ? En Afrique ! Qu'il y soit parti comme soldat de l'armée française serait avouable si l'on ne connaissait la raison véritable de son engagement. Une sombre affaire qui a bouleversé les Cuif et amusé tout le canton d'Attigny. Encore un peu et le gredin se retrouvait à la prison de Charleville. Quant au petit frère, le Charles-Auguste, lui, juste un an – à un jour près – avant le mariage de sa sœur, il a pris comme épouse une drôlesse qui ferait mieux de l'empêcher de se soûler à longueur de journée plutôt que de vouloir prendre en main la ferme des Cuif. Une garce, cette Marguerite-Adélaïde. À cause d'elle, Vitalie et son père ont quitté Roche pour aller vivre à Charleville. Mais Dieu n'oublie jamais de châtier les diablesses. Elle la tient, sa revanche, la Vitalie. Elle le tient à pleines mains, le bonheur. Le bonheur ? Il n'existe donc pas seulement au Ciel ?

Les époux signent le registre paroissial. Au tour des témoins : le colonel Lemaire et le capitaine Gabillot pour Frédéric ; deux oncles par alliance pour Vitalie, Pierre-Augustin Pierlot, de Chuffilly, et

Charles Moraine, de Rilly-aux-Oies (aujourd'hui Rilly-sur-Aisne). Un baron d'un côté, le colonel Lemaire. De l'autre côté, les oies de Rilly. Même les Grimm n'auraient pas fait mieux dans un de leurs contes. Après la cérémonie religieuse, c'est sans doute à pied que les époux, les témoins, le père de la mariée s'en sont allés au 12 de la rue Napoléon où, depuis un an, Vitalie vit avec son père. « Une petite noce », comme auraient dit les gens de Roche. Pas question de faire cortège et bombance. Le capitaine portait le deuil de son père décédé depuis sept mois à peine.

CHAPITRE II

Avec maman-fléau, dans l'enfer des *Effarés*

Ils se sont mariés sur le tard. Il faut rattraper le temps perdu. Les assauts amoureux du capitaine d'infanterie sont d'une redoutable efficacité : cinq maternités en moins de neuf ans ! Une cadence d'artilleur. Neuf mois pile après la cérémonie nuptiale, voici un premier fils. Il porte évidemment le prénom du géniteur, Frédéric. L'accouchement a lieu chez le père de Mme Rimbaud, rue Napoléon, où les jeunes mariés ont élu domicile. « Me v'là grand-père ! » s'écrie Jean-Nicolas Cuif. Sa fille embrasse le crucifix. Ils sont aux anges. Seul petit nuage dans le grand ciel bleu : le papa de Frédéric n'est pas au chevet de l'accouchée. Il manœuvre autour de Romans et de Valence. Brève permission pour le baptême de Frédéric : il repart avec des dragées et la certitude d'être de nouveau papa. Mme Rimbaud se console en feuilletant les centaines de pages des ouvrages manuscrits de Frédéric Rimbaud père, un traité d'éloquence militaire, un livre de guerre. Autre consolation de taille, la Légion d'honneur du capitaine. Dès qu'elle l'apprend, en août 1854, elle se précipite à la rédaction du *Courrier des Ardennes*, sous les Allées. Elle veut que la nouvelle se répande dans les chaumières du canton d'Attigny. Voilà qui clouera le bec des paysans de Roche, son village natal ! Depuis deux mois, ces mauvaises langues osent faire des gorges chaudes du nouvel épisode du feuilleton des frères

Cuif. Le Charles-Félix a plaqué l'armée et l'Afrique. À peine débarqué à Roche, il exige que son frère Charles-Auguste lui cède la ferme familiale. Sale affaire. Elle retourne le père Cuif et sa fille. Elle a dû aussi retourner le petit Arthur dans le ventre de sa maman. «Bon, tu la veux, la ferme? Eh bien, je te la vends!» lâche le Charles-Auguste entre deux cuites. Marché conclu. L'Africain sera cultivateur à Roche. L'autre, le Charles-Auguste, avec les sous de sa vente, mènera enfin la vie qu'il entend, la grande vie, cabarets et beuveries. Un joyeux vagabondage! Comme disent les Ardennais, il se fera «camp volant». Du beau linge pour le lavoir de Roche.

À l'automne de 1854, au 12 de la rue Napoléon, c'est de nouveau un garçon que Vitalie offre au monde. De nouveau, armée oblige, le père est absent. Le «vingt du mois d'octobre, à cinq heures du soir», le grand-père Cuif se rend à la mairie de Charleville avec Prosper Letellier, le libraire du rez-de-chaussée. Ils y déclarent que «Marie Catherine Vitalie Cuif, (...) est accouchée en cette ville, aujourd'hui vingt du présent mois, à six heures du matin (...) de Jean Nicolas Arthur» Rimbaud. Deux fils en deux ans! La mère embrasse le crucifix. Deux fils! Ils laveront le linge sale des Cuif. En devenant un bon et honnête paysan de Roche, Frédéric, l'aîné, enterrera les horreurs de ce «camp volant» de Charles-Auguste. Quant à Arthur, lui, en devenant officier de l'armée impériale, il sabrera l'autre honte de la famille, le Charles-Félix que, de Vouziers à Rilly-aux-Oies, de Coulommes à Attigny, tout le monde appelle «l'Africain».

Arthur est mis en nourrice dans un village forestier situé à trois lieues de Charleville. Son papa, lui, s'en va faire la guerre en Crimée. Dans les Ardennes, des collectes s'organisent au profit de l'armée d'Orient. À Roche, la souscription rapportera la coquette somme de soixante-trois francs soixante-quinze centimes. On devine l'angoisse de Mme Rimbaud. Dans *Le Courrier des Ardennes* du 2 avril, elle apprend la mort «devant la tour de Malakoff» du capitaine Adin, un Ardennais né en 1816 aux Petites-Armoises. Elle prie pour lui. Elle prie plus fort encore pour son capitaine. Cependant, le malheur plane maintenant au-dessus de Vitalie Rimbaud-Cuif comme une buse dans le ciel de Roche. Tout à ses prières et à ses deux petits, la maman de Frédéric et d'Arthur ne voit pas le rapace. Quand l'homme est au front, une femme d'officier ne se doit-elle pas de vivre terrée dans son angoisse ? Question de dignité. De dignité et d'honneur. Soudain, en décembre 1855, la buse emporte son frère Charles-Félix, l'Africain redevenu paysan. Ira-t-il au Ciel, celui-là, après tout le mal qu'il a fait sur terre ? Sa sœur prie le Seigneur pour que l'âme de l'Africain monte plus haut que les nuages du ciel de Roche. Lui, ma foi, son destin est réglé. Mais régler les affaires de la ferme familiale sera une autre paire de manches : dans quel état il l'a laissé, le domaine Cuif !

Six mois après la mort de l'Africain, le héros est de retour de Crimée. Il a changé : elle espérait plus d'enthousiasme de sa part, au moins pour les petits. Elle l'accueille cependant à bras et genoux ouverts. Neuf mois après, voici Victorine Pauline Vitalie. Une petite sœur pour Frédéric et Arthur, quel bonheur ! La buse, elle, cependant, tourne toujours. Elle emporte la petite, un bébé de quatre mois. Point de papa pour aider la maman à l'ensevelir. Il ne reviendra que deux mois plus tard. Il semble à peine ému par le deuil. Les gamins le laissent froid. Vitalie le réchauffe. Neuf mois plus tard, naît une seconde petite sœur. On lui offre le prénom usuel de la disparue. C'est celui de la mère. Dieu soit loué, la buse l'épargne. Mais, deux mois après la naissance de Vitalie, elle fond sur Jean-Nicolas Cuif, le « bon père » de Mme Rimbaud, le grand-père des trois petits.

La rue Bourbon, la plus misérable de la ville

Il faut faire face. Il faut s'accrocher à Dieu. Il faut toujours croire au capitaine : c'est le métier des armes qui le rend tellement distant. Pour lui, pour les enfants, pour elle, Vitalie s'en va rejoindre son homme en garnison à Sélestat, en Alsace. Première fois de sa vie qu'elle entreprend un aussi long voyage. En vain. Le capitaine se comporte comme un goujat, et elle comme une mégère. De ses vacances alsaciennes, elle revient enceinte et avec la certitude que la buse est revenue.

Plus féroce que jamais, la buse s'en prend maintenant à une mère pleine et à ses trois petits. Elle les chasse de leur nid carolopolitain, au 12 de la rue Napoléon. Prosper Letellier, le libraire propriétaire, ne veut plus de la nichée Rimbaud. Il est comme le capitaine, Prosper. Il ne supporte plus les cris des petits et les gueulements de leur mère. Les Rimbaud doivent instantanément vider les lieux. La mère cherche un logement à louer. Elle n'en trouve pas. Alors, elle s'en va occuper une chambre à l'hôtel du Lion d'Argent, situé juste au-dessus de la librairie Letellier, au 4 de la rue Napoléon. C'est un établissement confortable où l'on peut aussi réserver une place de diligence, pour Attigny, par exemple. Les quatre Rimbaud-Cuif s'entassent dans une chambre. Vitalie a de sérieux problèmes d'argent. La succession de Jean-Nicolas Cuif n'est pas réglée. Le capitaine, lui, garde sa solde entière pour subvenir à ses propres et moins propres besoins.

En cette Saint-Jean d'hiver de 1859, il neige et il vente. Charleville grelotte. Sur le trottoir de la rue Napoléon, côté librairie, une mère enceinte et ses trois petits : Frédéric, six ans ; Arthur, cinq ans ; Vitalie, un an. Accrochés l'un à l'autre, ils vont à petits pas derrière un chariot dont la bise fait claquer la bâche. Funèbre convoi. Le chemin ne sera pas long jusqu'au cimetière des dernières illusions : la rue Bourbon croise la rue Napoléon. La rue Bourbon. La plus misérable de la ville ! Heureux encore que la neige ait la dignité d'en recouvrir la noirceur, d'en feutrer les gueulements. Ici croupit ce que paysans de Roche, bourgeois de Charleville, officiers de Mézières, nomment « la populace » ou encore « la canaille ». Ici vont devoir vivre les Rimbaud ; le loyer, au moins, n'y est pas élevé. Le blanc convoi s'immobilise. Le charretier jure. Le cheval s'ébroue. Roide et digne, Mme Rimbaud franchit le porche lugubre. Courette sinistre où le vent cingle tel un fouet. Rachitique escalier dont les craquements rappellent le cri de la buse. Couloirs aux fenêtres moisies. Partout des gueulements d'ivrognes, des hurlements de bébés. Partout, des gosses en haillons, des femmes édentées. Partout grouillent les vers du tout premier poème d'Arthur Rimbaud. Son titre : *Les Étrennes des orphelins.*

> L'âpre brise d'hiver qui se lamente au seuil
> Souffle dans le logis son haleine morose !
> On sent dans tout cela, qu'il manque quelque chose –
> Il n'est donc point de mère à ces petits enfants,
> – De mère au frais sourire, aux regards triomphants ?

La maman est bien là. Son sourire, certes, manque de fraîcheur. Ses regards sont loin d'être triomphants. Pour autant, elle n'oublie pas,

> … le soir, seule et penchée,
> D'exciter une flamme à la cendre arrachée,
> D'amonceler sur eux la laine et l'édredon.

Le capitaine, que l'on sait éminent grammairien, a décidé de conjuguer le verbe aimer à sa façon. Il vient de plaquer femme et enfants. Drôles d'*Étrennes* pour Frédéric, Arthur et Vitalie. Les voici *Orphelins*. Orphelins de père, évidemment.

> Et la nouvelle année, à la suite brumeuse,
> Laissant traîner les plis de sa robe neigeuse,
> Sourit avec des pleurs, et chante en grelottant…

Trois mois après la fonte des neiges, le 1er juin 1860, Frédéric, Arthur et Vitalie contemplent Isabelle, leur nouvelle petite sœur. En moins de sept ans, Mme Rimbaud-Cuif a perdu un frère, un enfant, son père, son mari. L'argent manque. Où est le temps de la *Valse des fifres*, des promenades bras dessus, bras dessous, place Ducale, rue Sainte-Catherine, Sous-les-Allées ? Alors, les beaux messieurs ôtaient leur gibus, les belles dames s'inclinaient, les pioupious saluaient. Elle n'était pas seulement une mère « au frais sourire » et « aux regards triomphants ». Elle était devenue une bourgeoise carolopolitaine. Une dame dont le mari exhibait la Légion d'honneur comme sa moustache à l'impériale, fièrement.

Aujourd'hui, seule avec quatre enfants dans une ville où désormais on l'ignore, la paysanne de Roche, au bord du gouffre, retrousse ses manches. C'est l'enfer. Elle fera face. Sans enfer, pas de paradis. Sans paradis, pas de bon Dieu. Sans bon Dieu, la vie n'aurait pas de sens. Elle, la Cuif de Roche, elle a la foi clouée au corps comme le Christ à la croix. Jeune fille, lorsque le Seigneur a rappelé sa mère, elle a fait ses devoirs, les ménagers, les agrestes et les autres. C'était déjà l'enfer. Si l'on croit en Dieu, si l'on accomplit dignement ses devoirs, l'enfer ne dure jamais qu'une saison. Ne faut-il pas mêler purin et fumier à la terre pour que pois et haricots prennent au printemps de belles fleurs ? Il faudra tenir le ménage comme la ferme, ne courber l'échine que sur la charrue, ne jamais parler pour ne rien dire, demeurer toujours droite et fière, prier, prier encore, prier toujours. Il faudra battre les quatre enfants comme des blés : c'est là la seule manière de séparer le grain de l'ivraie. Maman-fléau. Elle frappera encore et toujours avec une interminable et implacable régularité. Elle ne laissera jamais rien passer, même un regard d'écolier sur les fleurs de givre du carreau : quand on fait ses devoirs, on les fait.

« La fille des ouvriers d'à côté »

En 1861, Arthur a sept ans. Il habite la rue Bourbon. La rue Bourbon et ses sinistres taudis. La rue Bourbon où grelottent *Les Effarés.*

> Noirs dans la neige et dans la brume,
> Au grand soupirail qui s'allume,
> Leurs culs en rond
> À genoux, cinq petits – misère ! –
> Regardent le boulanger faire
> Le lourd pain blond…
> … Quand ce trou chaud souffle la vie
> Ils ont leur âme si ravie
> Sous leurs haillons.

Quand même, ni Arthur, ni son frère, ni ses sœurs ne sont en haillons. Eux, ils mangent à leur faim, ils dorment au chaud. Ils sont les riches de la rue, ceux que l'on montre du doigt ou du poing, surtout la mère. « T'as vu comment qu'elle te gobe, la sale grue ! Ma parole, elle nous prend pour des asticots ! »

Arthur, lui, n'est pas fier pour deux sous. Il n'a qu'un désir, aller jouer avec *Les Poètes de sept ans* de la rue Bourbon,

> … ces enfants seuls…
> Qui, chétifs, fronts nus, œil déteignant sur la joue,
> Cachant de maigres doigts jaunes et noirs de boue
> Sous des habits puant la foire et tout vieillots,
> Conversaient avec la douceur des idiots !

Sa mère ne veut rien entendre. Pas question qu'Arthur se mêle à cette vermine !

Et si, l'ayant surpris à des pitiés immondes,
Sa mère s'effrayait; les tendresses, profondes
De l'enfant se jetaient sur cet étonnement.
C'était bon. Elle avait le bleu regard – qui ment!

Tout Arthur, tout Rimbaud sont scellés dans les soixante-quatre vers du poème *Les Poètes de sept ans*. Les mains de Mozart du gamin de la rue Bourbon. Des mains écrasées entre «le livre du devoir» et «la Bible à la tranche vert chou» de l'implacable maman-fléau.

Tout le jour il suait d'obéissance; très
Intelligent; pourtant des tics noirs, quelques traits
Semblaient prouver en lui d'âcres hypocrisies!

Avait-elle le dos tourné, «La Mère», qu'il «tirait la langue»! «S'en allait»-elle, «satisfaite et très fière», faire quelque course en ville, que l'âcre hypocrite filait jouer avec

la fille des ouvriers d'à côté
La petite brutale et qu'elle avait sauté
Dans un coin, sur son dos en secouant ses tresses,
Et qu'il était sous elle, il lui mordait les fesses
Car elle ne portait jamais de pantalons;
Et, par elle meurtri des poings et des talons,
Remportait les saveurs de sa peau dans sa chambre.

Pour Arthur, pour son frère, pour ses deux sœurs, places et rues de Charleville n'existent que dans les pas de celle qui «avait le bleu regard – qui ment!». Cependant, maman-fléau ne peut empêcher Arthur d'oser un regard horizontal vers les attelages de chiens du laitier, du boulanger ou du maraîcher. Ils abondent dans les rues de la ville. Pour oser contempler les chevaux dans toute leur superbe, là, bien sûr, le petit Arthur doit lever la tête.

– T'as encore marché dans le crottin, imbécile!

La merveille de la place Ducale, pour des gosses de sept ans, c'est la fontaine centrale. Aux beaux jours, accroupis sur les bords de la vasque, ils soufflent sur les petits bateaux. Arthur, lui, a juste le droit de les apercevoir. Et encore, de loin. Interdiction absolue d'avoir un camarade. Interdiction absolue de se laisser éclabousser, même par des gosses de riches.

– Arthur, ôte tes mains de tes poches ! Et tiens-toi droit !

À deux pas de la place Ducale, un fleuve porte des navires bien plus gros que ceux de la fontaine. Ce fleuve porte aussi un nom, la Meuse. Un géant, ce fleuve, plus gigantesque encore que la place Ducale. Large d'épaules avec ça : à lui seul, il fait tourner les roues immenses d'un immense moulin à eau. Cette certitude, Arthur la tient de ses copains clandestins. Pas question pour Mme Rimbaud d'aller promener ses mioches, un jour de semaine, sur les quais de Meuse : il y coule le sang de l'abattoir, les suints puants des tanneries et les sales injures des sales gens du peuple. Une fois, une seule, un chaud dimanche, après la grand-messe, dans l'ombre glaciale de maman-fléau, en évitant les quais, Arthur et ses sept ans, Arthur et ses frères et sœurs, s'en sont-ils allés jusqu'à l'orée du pont suspendu ? La Meuse !

– Arthur ! Ne regarde pas l'eau ! Elle attire !

Tout là-haut, dans le ciel du mont Olympe, comme une étoile, la tour Lolot que découvre, ébahi, notre poète de sept ans.

– Demi-tour ! On rentre !

Marcher droit et en silence. Providence ! La mère tolère deux arrêts : un devant le confiseur, l'autre devant la librairie Letellier. Alors, Arthur se dresse sur la pointe des pieds en prenant soin de ne pas écraser le nez contre la vitrine. Alors, Arthur, du haut de ses sept ans, contemple l'inaccessible : les dorures des tranches de livres et de pains d'épices. Tout est toujours trop cher, même un bonbon, même un petit livre à colorier, même un jouet de quatre sous.

En 1862, le notaire d'Attigny ayant liquidé la succession du père Cuif, les cinq Rimbaud quittent enfin la rue Bourbon. Le 27 juillet, ils emménagent au 13, cours d'Orléans, autrement dit « aux Allées ». Les Allées, et leurs frêles et tendres marronniers plantés en 1856. Les Allées et leurs maisons bourgeoises. Enfin, un lieu digne de Mme Rimbaud-Cuif. Digne aussi de l'institution Rossat, établissement scolaire fréquenté par les enfants des milieux aisés. Frédéric et Arthur Rimbaud y sont inscrits. L'institution Rossat est située place Carnot (aujourd'hui place Churchill), à cinq cents mètres des Allées. Pas question que Frédéric, neuf ans, et Arthur, huit ans,

Berge du bras de Meuse de l'île du Vieux-Moulin, où Arthur,
du haut de ses dix ans, sauta dans la barque d'un tanneur.

aillent à l'école ou en reviennent sans qu'ils n'emboîtent le pas de leur mère. La paysanne de Roche veille au grain. Rien n'est plus fragile que du blé qui lève : un simple courant d'air, un mot ou un pas de travers pourraient le faire pourrir sur pied.

CHAPITRE III

Saperlipopettouille, quel brillant collégien !

Très honorable à ses débuts, avec trois prix et trois nominations en neuvième, la scolarité primaire d'Arthur s'achève dans l'excellence. En septième, il rafle six premiers prix, dont celui d'instruction morale et religieuse. En la matière, il est vrai, il ne manque ni de cours du soir ni de travaux pratiques quotidiens. Comme *Le Courrier des Ardennes* publie le palmarès de l'Institution Rossat, le Tout-Charleville et les paysans de Roche peuvent y admirer les exploits du cadet du capitaine Rimbaud et de la Vitalie Cuif. Au fait, le papa capitaine, où est-il bien passé ? Stricte consigne de la mère Rimbaud à son bataillon : elle est veuve, point final. Le capitaine, on le découvre pourtant en filigrane dans un cahier de brouillon de l'élève Rimbaud Arthur. Le gamin, âgé de neuf ans, fréquente alors la classe de septième de l'Institution Rossat.

Le cahier de brouillon contient un manuscrit d'Arthur. Il débute ainsi : « Le soleil était encore chaud. » Dans *Rimbaud, notre prochain*, Suzanne Briet note que « l'écriture en est très menue… souvent très peu lisible. L'enfant Rimbaud avait déjà, pour son propre usage, une main rapide, simplifiée. Les fautes d'orthographe ne manquent pas… ». Autre constat de Suzanne Briet : « L'écriture du cahier est celle de quelqu'un qui écrit beaucoup et souvent. Elle ressemble beaucoup plus à celle des *Illuminations* et de la *Saison* qu'à celle des poèmes de seize ans, cette dernière, appliquée et fleurie… » S'agirait-il du brouillon d'une rédaction (composition française) demandée par le maître ? Peu probable. Il semble que ce texte soit le manuscrit d'un roman entrepris, en douce, par Arthur ! En quelque sorte, il s'agirait bel et bien de ses débuts en littérature. Arthur, romancier, à neuf ans ! Ne prévoit-il pas une organisation en chapitres ? N'ouvre-t-il pas son récit par un « prologue » ? À la fin du prologue, voici des phrases déjà dignes du futur auteur du *Dormeur du val* : « Le vent rafraîchissant, c'est-à-dire une brise fraîche, agitait les feuilles des arbres avec un bruissement à peu près semblable à celui que faisaient les eaux argentées du ruisseau qui coulait à mes pieds. Les fougères courbaient leur front vert devant le vent. Je m'endormis, non sans m'être abreuvé de l'eau du ruisseau. »

Dans le second chapitre – il n'y en a pas d'autres –, notre romancier en culottes courtes révèle d'emblée que le héros de son livre a le sens de l'éternité, puisqu'il est « né à Reims l'an 1503. Reims était alors une petite ville ou pour ainsi dire un bourg ». Il aurait pu ajouter : « Une petite ville comme la mienne. » Quant à la maman du héros, « elle était si calme que mon père l'amusait comme une jeune demoiselle ». Tout à fait l'inverse de la maman de l'auteur. Et le père du héros ? Il « était officier dans les armées du roi… Il était d'un caractère vif, bouillant, souvent en colère et ne voulant rien souffrir qui lui déplût ». En un mot, le père du héros du roman d'Arthur, c'est sa mère : « Caractère vif, bouillant… » Étonnant transfert que notre écrivain en herbe dévoile mieux encore à la fin de son brouillon : « Je me rappelle qu'un jour mon père m'avait promis vingt sous si je lui faisais bien une division… Ah ! combien de fois ne m'a-t-il pas promis des sous, des jouets, des friandises ! » Promesse jamais tenue ! Le papa du héros a donc, lui aussi, « le bleu regard – qui ment » ! Une vraie mère Rimbe, ce grand méchant loup ! Ne force-t-il pas le gamin à « apprendre du grec, du latin… de l'histoire et de la géographie » ? Et Arthur de crier sa révolte dans son cahier interdit : « Que m'importe, moi, qu'Alexandre ait été célèbre ? Que sait-on si les Latins ont existé ? (…) Quel mal ai-je fait pour qu'ils me flanquent au supplice ? (…) Ah ! Saperlipotte de saperlipopette ! Sapristi ! Moi, je serai rentier ; il ne fait pas si bon de s'user les culottes sur les bancs, saperlipopettouille ! »

À Charleville, devant le collège qui porte son nom, Arthur fait l'école buissonnière.

Comme c'est bon d'être écrivain ! Comme ça fait du bien de pouvoir crier, sur une page blanche, ce que l'on voudrait cracher à la face de sa mère trop vivante, à la face de son père disparu, à la face de Charleville et du monde.

« Pour gagner la place de décrotteur, il faut passer un examen... Dieu merci, moi je n'en veux pas, saperlipouille ! Avec ça, des soufflets vous sont accordés pour récompense ; on vous appelle animal, ce qui n'est pas vrai, bout d'homme, etc. La suite prochainement. Ah ! saperpouillotte. » Signé « ARTHUR », en lettres majuscules !

C'est écrit, rappelons-le, en 1864. À dix ans, Arthur est déjà Rimbaud.

Les splendeurs de la « pente Lolot »

En ce dimanche de printemps 1866, les cloches de la nouvelle église Saint-Rémi de Charleville acclament à pleine volée les communiants de la paroisse. Sur le parvis, Mme Rimbaud sermonne ses deux garçons : Frédéric a froissé son plastron, le brassard d'Arthur tombe de travers. Les voici chez le photographe. Frédéric, treize ans, debout, stricte raie à droite, main gauche collée à l'âme, missel sur la couture du pantalon. Assis, Arthur, douze ans, stricte raie à gauche, mains fermées sur les cuisses, tranche du missel sous le poing droit, voile du brassard totalement visible. Au prix que cela coûte, autant en avoir pour ses sous. On l'imagine, la mère, organisant les plis des costumes et des visages, commandant le photographe enseveli sous le drap noir. Y a-t-il eu un repas de fête pour la circonstance ? Peut-être un chou à la crème ou une religieuse pour chacun des quatre enfants. Peut-être, après les vêpres, une procession en famille, dans le nouveau square de la Gare. Une gare en pierre ! (La précédente était en bois.) Quant au square, toujours sans kiosque, on l'a inauguré le 5 mai 1864. Ce jour-là, rapporte *Le Courrier des Ardennes*, « l'affluence était considérable ». Des pelouses, des bancs de fer, des « allées grevées », des « haies fraîches », des « coins fleuris » font de ce square plus encore qu'un lieu de divertissement : un hymne au progrès et à l'empereur ! Ne s'ouvre-t-il pas sur la voie ferrée, voie par excellence de l'avenir ? N'est-il pas, ce square, un modèle d'ordre ?

Avec l'arrivée de Napoléon III et du rail, les Carolopolitains ont pris un extraordinaire départ. Ils foncent à pleine vapeur vers le XXe siècle. L'industrie, la vraie, la grande, la puissante, s'installe à l'orée de la ville. Une verrerie-gobeleterie s'implante en aval du port : d'emblée, elle emploie cent vingt ouvriers. Près du pont suspendu, en amont de la place du Sépulcre, à l'emplacement actuel des établissements Deville, voici l'usine Corneau dont l'immense cheminée nargue la tour Lolot. Le centre de gravité de la ville s'est déporté de la place Ducale vers la gare. Afin que grossissent chiffre de population et chiffre d'affaires, on trace des voies nouvelles. L'une, dès 1867, unit le square de la Gare à la rue Napoléon (aujourd'hui avenue Jean-Jaurès). On prolonge la rue du Pont-Suspendu jusqu'à la rue de la Gravière (aujourd'hui rue Forest). Et dire que, pendant ce temps-là, les Macériens continuent à macérer dans leurs murailles ! Entre la naissance d'Arthur (1854) et sa communion solennelle (1866), la population carolopolitaine est passée de neuf mille cent soixante-deux à douze mille deux cent quarante-quatre habitants. À la mort du poète, en 1891, Charleville comptera dix-sept mille trois cent quatre-vingt-dix âmes. Quelle explosion démographique ! Plus que jamais dans son histoire, la ville de Charles de Gonzague construit, innove, produit, commerce, négocie, traite, encaisse, accumule, place. Les riches sont de plus en plus riches, les anciens comme les nouveaux, surtout les nouveaux, ceux qui investissent dans la boulonnerie, l'estampage, la fabrication des crics, des coussinets pour rails, des boîtes à graisse pour wagons. S'enrichit également une dynastie de banquiers locaux, les Lafontaine, Chaffoureaux, Williers aînés, Millar frères. Désormais, Charleville a son comptoir d'escompte. Maîtres des forges, princes du boulon, marquis de la brosse ou du verre, rois de la clouterie mécanique narguent les « vrais » nobles, les notaires, les hauts fonctionnaires.

Tout ce beau et grand monde rivalise d'élégance dans les trois hauts lieux de la bourgeoisie carolopolitaine : les salons de la préfecture, le square de la Gare et, surtout, la promenade de « la pente Lolot ». Sur le flanc sud du mont Olympe, en rive droite de Meuse, cette dernière propose des splendeurs dignes du Petit Trianon : un labyrinthe de verdure, un temple à l'antique et, au sommet, comme un point sur le *i* de la prospérité carolopolitaine, la tour Lolot ! Les dimanches ensoleillés, on se croirait là, place de l'Opéra, à Paris. Crinolines et tournures, polonaises anglaises, robes Watteau, manches pagodes, chapeaux-impératrice, fanchons et bavolets, casquettes, chapeaux-bergère, les belles dames rient des dernières facéties de ce cher vicomte Foy, préfet des Ardennes. En veston droit ou croisé, en manteau court ou à pèlerine, en burnous, les beaux messieurs oublient les tracas des affaires en humant les parfums des dames, les senteurs forestières et l'air du grand large délicatement transporté par la Meuse.

La promenade de la « pente Lolot » est ouverte à tous, riches ou pauvres. On devine que ces derniers y admirent les premiers. Les grands ne se donnent même pas la peine de baisser les yeux vers cette « populace ouvriasse » qui envahit de plus en plus la ville. Des fainéants, des mécréants, des édentés, des jamais lavés, des toujours soûls, des tout juste bons à atteler aux machines et à fabriquer des gosses ! Dangereux avec ça : faux et voleurs de pain ou de sucre d'orge. Dieu soit loué, le préfet a de la poigne. Il fait régner l'ordre impérial avec une rigueur de tsar. Ils arrivent de partout, ces ouvriers ! Des campagnes ardennaises, de Thiérache, de Champagne, de Belgique, où, à les entendre, ils crevaient de faim ! Maintenant, au moins, grâce au génie des entrepreneurs carolopolitains, ils peuvent boire à leur soif, ces va-nu-pieds logés dans les quartiers Notre-Dame et Saint-Ignace ou encore rue Bourbon ! L'entassement dans les taudis y est tel que journaliers et ouvriers vont jusqu'à croupir dans les caves. Au moins, en été, y jouissent-ils d'une appréciable fraîcheur.

Meurtrière éducation de maman-forteresse

Avec le Second Empire, Charleville quitte peu à peu l'univers de Balzac pour celui de Zola. Certes, ici et là, la cité a encore conservé ce charme suranné des petites villes de province : « Il y a toujours un guetteur au beffroi de la place Ducale, un sonneur pour l'horloge. De nombreuses maisons ont encore écuries et colombiers », note l'historien ardennais Michel Cart. Mais, d'évidence, l'économie et la démographie de Charleville explosent. Chevaux-vapeur et trains commencent à y dévorer dadas et diligences.

En revanche, chez nos deux communiants, rien ou presque n'a changé. Certes, ils habitent maintenant rue Forest, ils fréquentent le collège. Mais pour Arthur, pour son frère aîné, pour ses sœurs cadettes, Charleville, au fond, demeure Mézières, un lieu cerné de murailles féroces où veille, jour et nuit, l'inexpugnable maman-forteresse. Elle a toujours « le bleu regard – qui ment ». Rien n'échappe à sa meurtrière éducation. Elle tire toujours à boulets rouges sur les petits bonheurs de la vie, un bonbon, un tour de chevaux de bois, un pantalon neuf, une nouvelle robe. Les mêmes angoisses l'assiègent : le péché, le mal, l'avenir de ses enfants. Et si elle venait à rendre l'âme, où iraient-ils, ses quatre petits, sinon à l'orphelinat ? Plus de père, plus de grands-parents, plus de vrai oncle, pas de tantes ! L'orphelinat ! Voilà qui étreint plus encore le poing sur le manche du fléau. Elle le bat toujours aussi durement, son blé en herbe, surtout l'aîné, le Frédéric, un bon à rien, au collège comme à la maison. Douloureux témoignage d'Ernest Delahaye :

« Mme Rimbaud était portée aux indignations vives... Par la suite, les confidences d'Arthur m'édifièrent sur le système de terrorisme qui régnait dans sa famille. Je compris pourquoi le visage de Frédéric présentait ce mélange bizarre de gaieté, d'insouciance et de douloureuse contrainte. À force d'avoir été grondé et puni, à force de lever les sourcils dans l'appréhension des châtiments et des reproches, il conservait un front ridé, aux plis devenus rouges et plus apparents, parce qu'il avait le tic de les frotter avec ses deux poings. »

Maman-fléau. Maman-muraille. Pauvre Frédéric ! Pauvre Arthur ! Ernest Delahaye se souvient qu'« elle venait, la mère, discrètement superbe, chercher, à la sortie du collège, les deux gars, à qui prenaient de suite les mains leurs sœurettes, et le groupe déconcertant s'en allait, sévère, par la rue d'Aubilly, par la place des Capucins, vers la rue Forest où ils disparaissaient sous la porte cochère du dentiste Fontaine. Tels je les vois, à ces quarante ans de distance ».

Implacable, inexorable uniformité des jours, des principes d'éducation, des tenues vestimentaires. Delahaye ajoute : « Leur tenue m'intriguait un peu à cause d'un je ne sais quoi de très personnel, au moins de pas à la mode ou à peine. L'un et l'autre portaient un chapeau melon, un col blanc rabattu, un veston noir, un pantalon de drap bleu ardoise dont Mme Rimbaud avait dû acheter un coupon énorme, un rouleau sans fin, car je les vis culottés de cette nuance pendant plusieurs années de suite. »

Bleu ardoise et noir : la couleur des toits et des fortifications de Mézières. Autre camarade de collège d'Arthur, Louis Pierquin n'a pas oublié le spectacle des Rimbaud-Cuif processionnant au pas cadencé, jusqu'à l'église ou au marché.

« Chaque dimanche, Mme Rimbaud assistait, à l'église paroissiale, à la messe de 11 heures. Elle s'y rendait, majestueusement, avec ses enfants ; en avant, les deux fillettes, Vitalie et Isabelle, se tenant par la main ; au deuxième rang, les deux garçons, Arthur et Frédéric, se tenant également par la main. Mme Rimbaud fermait la marche – à distance réglementaire. Les petits étaient proprement habillés, en gros souliers, en costumes de coupe désuète. Le même cérémonial était strictement observé, les jours de marché, pour aller sur la place Ducale faire les emplettes et les provisions. C'était un sujet de curiosité pour les passants et les boutiquiers, et le cortège original cheminait d'une façon impeccable sous les commentaires ironiques. »

Qu'importe le regard des autres, si le vôtre demeure droit et fort comme un donjon ? Que faire face à maman-Mézières, sinon s'aplatir ? « S'écraser », comme on dirait aujourd'hui. Écrasé, Arthur s'écrase. Il obéit à sa mère. Il accomplit à la perfection ses devoirs, les religieux, les scolaires et les autres. Ernest Delahaye témoigne : « À douze ans, il était d'une dévotion exaltée jusqu'au martyre s'il l'avait fallu. Un dimanche, comme les élèves sortaient de la chapelle, le pion se trouvant par hasard absent (...), des grands se hâtèrent de manifester l'esprit fort que l'on a, d'habitude, quand la barbe pousse au menton, en barbotant avec délices dans le bénitier, en se jetant au visage l'eau sainte... et autres impiétés joyeuses. Rimbaud, tout petit, bondit de fureur à la vue du sacrilège ; il s'élança (...), griffa, mordit, se cramponna aux vêtements des profanateurs, jusqu'à l'intervention, enfin, de l'autorité, qui mit tout le monde en retenue. Cette bataille lui valut, au collège, la qualification, qu'il accepta avec fierté, de "sale petit cagot". »

L'élève Rimbaud Arthur, espérance de toute une ville

Au collège, dès la classe de troisième, le « sale petit cagot » excelle en latin et en grec. *Saperlipopettouille*, comme on est loin du héros du roman qui, sur le cahier de brouillon, à l'Institution Rossat, crachait sur la langue de Virgile et de Homère ! Le professeur Ariste Lhéritier devine en Arthur un prodige. Il s'en ouvre à Mme Rimbaud qui le prie de donner des leçons particulières à son fils cadet (de l'autre, mieux vaut ne pas en parler, mon bon monsieur !). L'élève Rimbaud Arthur devient la lumière et l'espérance de tout un collège, de toute une ville. Le 2 juillet 1869, dans une salle du collège, Rimbaud Arthur participe aux épreuves du concours général de l'Académie de Douai. Bref sujet, *Jugurtha*, pour une longue composition en vers latins. Levés dès potron-minet, les candidats ont commencé à 6 heures du matin. Soudain, au milieu de la matinée, M. Desdouets, le principal, voit son favori lever la main, tel aujourd'hui un coureur du Tour de France victime d'une crevaison. « J'ai faim ! » soupire Arthur. Le concierge accourt avec du pain beurré. Arthur redémarre de plus belle. Il remporte haut la main la prestigieuse épreuve. Une couronne de chêne pour une tête déjà couverte de lauriers. En cet été 1869, à la veille de ses quinze ans, Arthur ne vient-il pas de glaner six des huit prix d'excellence de sa classe de deuxième ? Mme Rimbaud est comblée : son cher ange est un aigle.

Drôle d'oiseau, pourtant, le collégien Arthur. « Rien de banal ne germe dans cette tête, ce sera le génie du mal ou le génie du bien », affirme M. Desdouets, le principal. Son élève Ernest Delahaye a vu clair avant lui. Dès la classe de cinquième, tandis qu'Arthur, âgé de onze ans, habitait encore les Allées, il constate qu'il refuse de porter le képi du collégien : « En toute circonstance, écrit Delahaye, il conservait son chapeau melon et laissait à Frédéric l'orgueil de faire comme nous : porter même en semaine le képi, quand il était usagé, c'est-à-dire en galette, visière molle, galons ternis, etc., ce qui nous faisait ressembler à des commandants de batterie, qui seraient revenus de campagnes longues et très mouvementées. »

Autre chose tout aussi incroyable, mais autrement plus grave et dont le copain Ernest fut le témoin. Ce jour-là, évoquant le coup d'État du 2 décembre 1851 du futur Napoléon III, il demandait à Arthur :

« – Paul Labarrière, mon voisin de classe, désapprouve le Deux Décembre… Qu'en penses-tu ?

« Rimbaud (treize ans, moi quatorze) répondit brièvement :

« – Napoléon III mérite les galères.

« Je fus effaré... Qu'allait-il arriver, grand Dieu ! (...) Et les marronniers des Allées qui m'avaient paru grands me firent l'effet d'humbles arbrisseaux. »

Drôle d'oiseau rare, décidément, cet Arthur ! Déjà le feu couve sous la cendre de ce phénix. L'air de rien, il trompe tout son monde, c'est-à-dire sa mère. S'il étincelle en classe, c'est pour éteindre, avec un contre-feu, les flammes de la honte et des humiliations : les rituelles processions familiales ; l'éternel ensemble gris, bleu ardoise ; la sempiternelle sentinelle à la sortie du collège. Pas le moindre sou d'argent de poche. Pour dévorer d'autres livres que ceux du collège, il doit se rabaisser à faire le commis coursier pour ses camarades. Avec leurs sous, à la librairie Jolly, place Ducale, ou chez Prosper Letellier, il leur achète des romans d'aventures, des recueils de poésie. Avant de les apporter à leurs propriétaires, vite, vite, il les savoure dans « la fraîcheur des latrines » ou dans « la chambre nue aux persiennes closes ». Lire pour s'évader ! Lire pour briser les chaînes de l'ordre, l'ordre de la mère, l'ordre du collège, l'ordre de l'Église, l'ordre bourgeois carolopolitain, l'ordre du Second Empire. La mère, les maîtres du collège et des forges, les bourgeoises et bourgeois de la place Ducale et de la « pente Lolot », comment les jeter aux galères avec Napoléon III ? Comment venger son frère, ses sœurs, de l'humiliation quotidienne ? En refusant le port du képi, en raflant aux séminaristes et aux rejetons des riches les prix d'excellence ? C'est là bien peu de chose, un coup de baguette dans l'eau, un jeu d'enfant. Mais à onze, douze, treize, quatorze, quinze ans, a-t-on assez de biceps et d'épaules pour mettre aux fers tous les représentants de l'ordre maternel, carolopolitain et impérial ? Comment oublier son père disparu, mais toujours tellement présent, fier, fringant, éclatant parmi les incessantes parades militaires ? Que faire, sinon lire, sinon rêver ? Rêver comme au temps où, chez *Les Poètes de sept ans*, il croupissait dans le taudis de la rue Bourbon :

> À sept ans, il faisait des romans sur la vie
> Du grand désert, où luit la Liberté ravie,
> Forêts, soleils, rives, savanes ! – Il s'aidait
> De journaux illustrés où, rouge, il regardait
> Des Espagnoles rire...

Faire « des romans sur la vie » ! Sa vie, sa propre ou sa sale vie plutôt, n'avait-il pas déjà entrepris de l'écrire, donc de la vivre vraiment lorsque, à l'âge de neuf ans, sur un cahier de brouillon, il contait la vie d'un gamin « né à Reims l'an 1503 » ? Ah ! *saperlipotte de saperlipopette* ! Vive l'écriture ! Laisser couler l'encre comme le ruisseau de Roche, c'est devenir la Meuse, c'est noyer l'implacable ennui de Charleville, c'est engloutir ordres, devoirs, discipline, mère, maîtres, curés, capitaines ! Écrire des poèmes. Sans la poésie, la vie ne rimera à rien. Elle demeurera sinistre comme la citadelle de Mézières, désespérante comme la bourgeoisie carolopolitaine. Avec la poésie, la vie sera roman, un roman d'aventures, le plus chatoyant des journaux illustrés. Alors, vous deviendrez le chef des *Peaux-Rouges criards* attaquant un *Bateau ivre* ! Alors, vous ordonnerez un tir nourri de sagaies ! Alors tomberont les murailles de maman-Mézières, et tous les haleurs du malheur : père, curés, maîtres, empereur, préfet, bourgeois ! La vie, la vraie, la vie comme un roman d'aventures, la poésie, ne bordent-elles pas la place du Sépulcre (aujourd'hui place de l'Agriculture) telle une (vraie) mère son enfant ? « Cette place elle-même ? Un carré assez vaste, précise Ernest Delahaye. À gauche, trois bâtiments successifs : le séminaire, sa chapelle, le collège ; en face (côté sud), d'abord dans un coin, l'entrée de la bibliothèque communale, puis le couvent des Dames du Saint-Sépulcre donnant son nom à la place, puis le débouché d'une rue, après quoi des maisons bourgeoises, et nous voici à l'ouest – notre droite ; tout ce côté occupé par des tanneries, qui exhalaient un parfum assez spécial pour éloigner un peu les troupes de gamins jouant là, soit avant, soit après la classe. »

Nous ajouterons à cette description que la chapelle était coiffée d'un dôme à campanile et qu'une croix de Lorraine ornait la façade principale. Le dôme et le collège – victime d'un incendie en 1876 – ont disparu. Le collège se situait sur l'aile droite de l'actuelle bibliothèque municipale.

Un « opéra fabuleux » : l'abattoir municipal !

De nos jours, du quai bordant la place de l'Agriculture, comme à l'époque de Rimbaud, on découvre toujours le mont Olympe (sans tour Lolot...) et une île aménagée en square. De nos jours, au bas du quai Charcot, le menu bras de Meuse se laisse taquiner par les bouchons des pêcheurs, les mots tendres des amoureux, la langueur des saules pleureurs, les jeux d'ombre du Vieux-Moulin. Au temps du collégien Rimbaud, ce bief était un lieu extraordinaire, un *opéra fabuleux* où, dans les senteurs que l'on devine, se mêlaient suint et cris des tanneurs, chants des lavandières, sang et gueulements de l'abattoir. Situé en face de l'actuelle rue Taine, juste en amont du Vieux-Moulin, l'abattoir municipal était un lieu de puanteur inouïe et de très grand danger. De 1808, date de sa création, jusqu'à sa disparition en 1884, les plaintes des riverains ne cesseront de s'accumuler sur le bureau du maire. « Pendant les chaleurs d'été, c'est irrespirable », et que dire des « dangers entraînés par les bœufs furieux échappés des mains des bouchers » ! En juillet 1866, *Le Courrier des Ardennes* fait part de l'exaspération d'un riverain, M. Hénon : « Cet abattoir nous apportera le choléra et la peste ! » Peintre artisan, M. Hénon est un artiste. C'est lui qui orne de jolies calligraphies et de belles enseignes la vitrine de son beau-frère, M. Prosper Letellier, le libraire de la maison natale d'Arthur. On comprend la colère de M. Hénon. Il fallait avoir le cœur bien accroché pour vivre, à l'époque, près du Vieux-Moulin ! Les biographes de Rimbaud ignorent l'existence de cet abattoir. Tous vantent « la beauté », « le tulle léger », « les effluves de ce lieu magique où la Meuse se fait rivière de campagne ». C'est le cas sans nul doute aujourd'hui. Mais du temps d'Arthur !

Retrouvons avec Ernest Delahaye le « quai de Meuse... juste devant la place du Sépulcre », face au bief, en amont, donc, de l'abattoir et du Moulin :

« Des tanneurs avaient ancré un radeau où ils attachaient les peaux soumises aux premières opérations de lavage. Pour aller ensuite les retirer et remplacer par d'autres, une petite barque était attachée à la rive, au moyen d'un piquet de fer et d'une chaîne que fermait un gros cadenas. »

Ernest se souvient qu'Arthur et son frère Frédéric « arrivaient un bon moment avant l'heure où s'ouvrait aux externes la porte du collège ; laissant leurs condisciples gambader, criailler, se colleter sur place, eux escaladaient aussitôt le petit mur et prenaient possession de la barque retenue à la rive par une chaîne. De cette façon, ils étaient tranquilles, et ils étaient dans l'eau. Après avoir joué quelque temps à faire avancer et reculer le bateau, en repoussant du pied le rivage ou en tirant sur l'amarre, après l'avoir balancé de bâbord à tribord et de tribord à bâbord, Arthur trouvait encore préférable de s'asseoir à l'avant : là, il fixait longuement, délicieusement, l'eau agitée et clapotante, les herbes arrachées, les débris qui passaient, les toisons noyées, demi disparues, formes et couleurs changeantes, indécises, mystérieuses ».

Et Ernest d'ajouter : « Je me souviens que, parfois, nous allions ensemble (…) flâner sur les rives de la petite rivière de Meuse. On passait de longues après-midi à patauger dans la grève mouillée et le délice d'Arthur était de faire là-dedans des trous qu'il remplissait d'eau et où l'on enfermait de tout petits poissons ou des têtards de grenouilles… Il oubliait alors le monde entier, heureux de vivre en bête dans l'eau et les cailloux. »

Delahaye n'évoque ni l'abattoir ni les roues du Vieux-Moulin qu'Arthur, rappelons-le, a vus fonctionner. L'accès devait en être réglementé. Il n'empêche que ce lieu n'a pu que le fasciner. De jour, d'abord. Puis de jour et de nuit, après 1869, année durant laquelle les Rimbaud emménagent quai de la Madeleine (aujourd'hui quai… Rimbaud). La maison se situe en face du Vieux-Moulin. Éternité du fleuve et du tic-tac. Poussière blanche des meuniers et rouge sang des tueurs. Charge des bœufs. Puanteurs estivales. À quelques brasses de là, en aval du moulin, le port de Charleville avec les crissements des poulies, les jurons des charretiers. Et la Meuse impassible qui emporte vers Givet, Namur et Liège l'ombre de la tour Lolot, les entrailles des bœufs, le suint des tanneries, les rêves éblouis et les rimes vengeresses d'un gamin « ayant encore le teint rose, les joues potelées, le col blanc rabattu d'un bon petit garçon que sa maman soigne bien… » Sans oublier ses yeux, que Delahaye décrit ainsi : « Des yeux bleus, d'un bleu double dont les zones, plus foncées ou plus claires, s'élargissaient ou se fondaient aux moments de rêverie… Les cils longs et soyeux avaient un frémissement léger, tandis que la tête gardait une immobilité attentive. » Il a de la plume, Ernest Delahaye ! Parus de 1907 à 1909, dans la *Revue d'Ardenne et d'Argonne*, ses *Souvenirs familiers à propos de Rimbaud* ne sont pas seulement un exceptionnel témoignage sur son glorieux camarade de classe. Ils sont l'œuvre d'un écrivain. Certes, quand il se met à « penser » Rimbaud, il fait parfois sourire. Mais lorsque Delahaye redevient Ernest, le copain et le confident d'Arthur, lorsqu'il conte ce qu'il a vécu dans les pas de Rimbaud, il est passionnant. Né en 1853, fils d'épiciers de Mézières, Ernest Delahaye est décédé en 1930. Il fit carrière au ministère de l'Instruction publique.

CHAPITRE IV

La guerre ! Arthur et son frère disparaissent

Il ne pouvait rêver plus belles étrennes ! Le 2 janvier 1870, *La Revue pour tous* publie *Les Étrennes des orphelins*, sa première œuvre en vers. On devine la joie d'Arthur. Sa mère a dû la partager. À sa façon. Sans souffler mot. Ne s'est-elle pas abonnée à cette revue pour satisfaire la curiosité poétique de son cadet ? Et puis, à y bien regarder, n'est-ce pas dans ses lettres, dans l'écriture que, parfois, cette mère inflexible, cette glaciale bigote s'abandonne à une certaine sensiblerie, et même à une sensibilité certaine ? Chez elle, seule la plume semble pouvoir transpercer la carapace. Cette paysanne a le sens du verbe et de la phrase. En un mot, elle possède l'instinct littéraire. Quand on sait combien elle dut sacrifier sa jeunesse aux travaux du ménage et des champs, on se demande où elle a pu acquérir une telle maîtrise littéraire. Qui l'a formée en la matière ? Quelque curé, quelque religieuse de Voncq, de Vouziers, d'Attigny ? Le mystère demeure entier. Un père littérateur, une mère qui écrivait bien : Arthur a de qui tenir !

Que son fils Arthur lise et même écrive des poèmes ne devait pas offusquer Mme Rimbaud autant qu'on serait tenté de le croire. Mais, pour elle, il ne pouvait s'agir que d'un passe-temps, réglementaire et utile, un passe-temps comparable aux travaux d'aiguille de ses filles. Tricoter des mots et des rimes, qui plus est en latin, ne peut que former l'esprit. Mais que son fils devienne poète, une crapule donc, un saltimbanque, et puis quoi encore ? Livrer ses deux sœurs aux planches d'un théâtre ?

Elle n'a aucun souci à se faire. La voie d'Arthur est impériale. En cette année 1870, le principal du collège n'affirme-t-il pas qu'Arthur entrera un jour à l'École normale supérieure ? Il sera professeur d'université ou très haut fonctionnaire. À condition que certains maîtres ne s'acharnent pas à le détourner du droit chemin. Le 4 mai 1870, Mme Rimbaud adresse une lettre (pour une fois mal écrite !) à M. Georges Izambard, professeur de rhétorique d'Arthur ! « Je ne saurais approuver… la lecture du livre comme celui que vous lui avez donné il y a quelques jours *les Misérables* de V. Hugot. » Elle a mis un *t* à Hugo et les pieds dans le plat. Pour une paysanne ardennaise, Napoléon III est sacré. Ennemi juré de l'empereur, Hugo ne sera jamais qu'un Satan de plus à honnir. Izambard court s'expliquer chez Mme Rimbaud, quai de la Madeleine. D'un côté, surtout le gauche, les vociférations de la mère d'Arthur l'arrangent, puisque Izambard souffre d'un handicap plutôt gênant chez un pédagogue : il est sourd ! Ce jour-là, instantanément, Izambard comprend pourquoi son élève Rimbaud Arthur se lance à corps perdu dans les études et la poésie. Pour « tuer » une telle mère, il faut être un génie, génie du mal ou génie du bien, c'est une question de point de vue : un peu comme on regarde un proscrit sur son rocher.

En classe, Izambard fustige Napoléon III, Izambard se passionne pour Rabelais et Hugo. Izambard n'a que vingt et un ans. D'emblée, entre le maître et son élève, la fascination devient réciproque. Arthur, après les classes, lui lit ses poèmes. Enfin quelqu'un qui l'écoute, le comprend, le réprimande. Un père ? Rien n'est plus présent qu'un père absent. Jamais Arthur ne réussira à jeter par-dessus bord ce capitaine fantôme plus vivant encore que la mort. Il sombrera au moins autant à cause de son père disparu que de sa mère toujours réapparue.

« Du patrouillotisme aux portes de Mézières »

Izambard, pour Arthur, c'est un coin de ciel bleu qui éventre maman-muraille. En ce printemps de 1870, Arthur laisse éclater la joie de sa raison d'être. *Le Bal des pendus*, *Ophélie*, *Sensation*, quel feu d'artifice ! Le 24 mai, à l'insu d'Izambard (à un père, un fils livre-t-il tous ses secrets ?), Arthur adresse ses poèmes au maître de Parnasse, Théodore de Banville ! « Nous sommes au mois d'amour ; j'ai dix-sept ans, l'âge des espérances et des chimères... et voici que je me suis mis, enfant touché par le doigt de la Muse... » Sans doute « j'ai bientôt seize ans » et « le doigt de la Meuse » auraient-ils mieux reflété la vérité.

Au collège, la moisson de l'été est encore supérieure à celle de l'année précédente : sept premiers prix pour Arthur, de nouveau lauréat du concours académique en vers latins. En ce jour de gloire, les pensées des Carolopolitains et celles des journalistes du *Courrier des Ardennes* sont ailleurs. La Prusse et la France viennent de se déclarer la guerre. La chaleur est accablante. L'abattoir municipal pue plus que jamais. Nul ne s'en soucie. Quelle folie dans les rues ! Partout, la cohue des réservistes et le tumulte orchestré du régiment d'infanterie de Mézières qui monte en ligne. Les Carolopolitains l'acclament. Ils jettent des fleurs. Pour les fils Rimbaud, cette mobilisation, cette guerre, qu'est-ce, sinon déjà l'image du papa-capitaine qui surgit d'un coup à la porte de leur maison ? Frédéric, l'aîné, n'y tient plus. Le 2 août, il explose. Incroyable ! Frédéric et ses dix-sept ans, Frédéric et son bonnet d'âne ont disparu dans un bataillon en marche. Frédéric y sera cantinier ! Comme on dirait de nos jours, Arthur, lui, implose. Pour fuir le retour en fanfare de l'image du père disparu, il se claquemure dans son univers fait de livres et de poésie. Parti se réfugier chez les siens, à Douai, Izambard lui a laissé les clés de sa maison, aux Allées. Arthur y dévore la bibliothèque de son presque père. Il se blottit au sein de la poésie. Il se laisse bercer par des rêves d'adolescent. Il se laisse border par les mains du bonheur. Il imagine un dialogue avec son amante. Cela devient *Les Reparties de Nina*, un certain 15 août 1870.

> Dix-sept ans ! Tu seras heureuse !...
> – Dis, viens plus près !

Tandis que les Ardennes sont décrétées en état de siège, tandis que partout sonne le tocsin, tandis qu'affluent à Charleville de folles rumeurs – les uhlans ont brûlé Gespunsart ! –, le poète, lui, abandonne ses seize ans à Nina.

> – Ta poitrine sur ma poitrine,
> Mêlant nos voix,
> Lents, nous gagnerions la ravine,
> Puis les grands bois !

Les grands bois ! La haute Ardenne ! S'en aller, là-bas, là-haut, au pays des méandres de Meuse et de Semoy, au pays du tabac belge, des fagnes et des rièzes !

> Tu viendras, tu viendras, je t'aime !
> Ce sera beau
> Tu viendras, n'est-ce pas ? Et même…

En prison, à Paris !

Dix jours plus tard, Rimbaud écrit à Izambard dans quel état la guerre et Nina l'ont laissé. « Vous êtes heureux, vous, de ne plus habiter Charleville ! Ma ville natale est supérieurement idiote entre les petites villes de province. Parce qu'elle est à côté de Mézières, une ville qu'on ne trouve pas… » Et Arthur de fustiger la levée en masse des Carolopolitains, soldats de l'an II du Second Empire : « C'est effrayant, les épiciers retraités qui revêtent l'uniforme ! C'est épatant comme ça a du chien, les notaires, les percepteurs, les menuisiers, et tous les ventres qui, chassepot au cœur, font du patrouillotisme aux portes de Mézières… Je suis dépaysé, malade, furieux, bête, renversé ! j'espérais des voyages, des aventures, des bohémienneries, enfin… »

Le jour où Arthur adresse cette lettre à Izambard, Napoléon III et l'armée impériale entrent dans Rethel. Le lendemain, le 26 août, la nouvelle, à Charleville, éclate comme un feu de Bengale. L'empereur est dans les Ardennes ! Il va chasser les uhlans, faire halte à Mézières avant d'aller délivrer Bazaine encerclé dans Metz. Napoléon III ! Il ne manquait plus que lui ! La folie de la rue et du monde s'abat comme une tornade sur Arthur, Arthur et ses livres, Arthur et sa Nina, Arthur et ses rêves. Ses rêves deviennent cauchemar. Napoléon III, vainqueur dans les Ardennes ? S'il savait Arthur, le calvaire ardennais du pauvre empereur, accablé par les coliques néphrétiques, les coliques intestinales, les querelles intestines de ses généraux ! S'il le voyait, entre Tourteron et Le Chesne, pissant du sang sur son cheval Phœbus ! L'empereur, épuisé, loge chez le maire de Raucourt, à trois lieues de Sedan. Il réclame une carte d'état-major du coin. On cherche. On a ce qu'il faut sur la Lorraine, l'Alsace, la Bourgogne, mais les Ardennes, non, ça n'était pas prévu ! L'empereur soupire. Le maire de Raucourt lui propose une omelette au jambon. Nous sommes le 29 août. Ce jour-là, Arthur, lui, a disparu.

On imagine la pauvre mère errant de jour, de nuit, dans une ville où les convois de blessés confirment l'affreuse nouvelle : l'armée impériale s'est fait étriper à Beaumont-en-Argonne et à Mouzon.

– S'il vous plaît, monsieur, vous n'auriez pas vu mon gamin ?

Les ambulanciers de la Croix-Rouge déversent les blessés dans le collège et le haras (le futur lycée Chanzy). Partout, des cris et des couleurs d'abattoir. Trois jours après la disparition d'Arthur, l'empereur et son Empire disparaissent dans la cuvette de Sedan, à quatre lieues de la ville natale du poète. Ce jour-là, Rimbaud est enfermé dans la prison de Mazas, à Paris. Motif : « Arrêté en descendant de wagon pour n'avoir pas un sou et devoir treize francs de chemin de fer. » Pour gagner Paris, la voie ferrée étant coupée entre Charleville et Rethel, il a dû passer par Vireux et Charleroi où le prit le train de Paris. Le contrôleur l'a verbalisé à Saint-Quentin.

Napoléon III terrassé dans les Ardennes ! L'ordre suprême jeté aux orties ! La République proclamée à Paris ! On voit les yeux d'Arthur dans la nuit de Mazas : deux soleils ! Entre la cruche d'eau et le quignon de pain sec, il laisse éclater sa joie sur un morceau de papier. Il écrit *Mort de quatre-vingt-douze*. « Nous, courbés sous les Rois, comme sous une trique ! »

L'empereur est vaincu ! La trique est brisée ! Vive la République ! Vive la liberté ! Mais comment jouir de l'ère nouvelle dans une prison ? Qui va le tirer de là, sinon son presque père ? De Mazas, il appelle Izambard au secours : « J'espère en vous comme en ma mère… Faites tout ce que vous pourrez… et écrivez vous aussi, je vous l'ordonne, ou écrivez à ma pauvre mère (quai de la Madeleine, 5, Charlev.) pour la consoler… Je vous aime comme un frère, je vous aimerai comme un père… »

Un fils indigne, un révolutionnaire, un « ni Dieu ni maître », Rimbaud ? Gardons-nous des conclusions hâtives. Arthur ne pourra jamais se passer de sa mère. Même au fin fond de l'Arabie et du gouffre, elle lui collera toujours à la peau.

Le 24 septembre, Mme Rimbaud écrit à Izambard. Elle sait qu'Arthur se trouve chez lui, à Douai. Est-ce une paysanne inculte, est-ce une mère incapable d'aimer, de comprendre, de pardonner qui pourrait écrire de la sorte ?

« Comment une telle folie a-t-elle pu venir à son esprit ? Quelqu'un l'y aurait-il soufflée ? Mais non, je ne dois pas le croire. On est injuste aussi quand on est malheureux... Je suis bien en peine. Que Dieu ne punisse pas la folie de ce malheureux enfant comme il le mérite. » Signé : V[euve] Rimbaud.

Près du collège rempli de blessés, le Dormeur du val

Est-ce qu'il la vole, Arthur, la volée que sa mère lui flanque le jour de son retour, quai de la Madeleine ? Se sauver de la sorte, à quinze ans, en pleine guerre ! Izambard est présent. Il n'a pas à tendre l'oreille ; pas plus que la joue, d'ailleurs.

Le terrible mois de septembre tire à sa fin. Les Prussiens menacent Paris. Ils ont laissé de côté la place forte de Mézières. Ils s'en occuperont plus tard. Elle a l'air de quoi, la bête à cornes macérienne avec ses ponts-levis, ses bastions, ses murailles d'un autre âge ? Ces Français ! Ils se croient toujours à l'époque de Vauban ! Ils n'ont pas compris que le train de l'histoire roule maintenant sur une voie ferrée. Un mois après le désastre et la saignée de Sedan, Carolopolitains et Ardennais pansent les plaies comme ils peuvent. Les leurs. Celles des blessés et des fuyards de l'armée française en déroute. L'horreur continue dans la cuvette de Sedan où, pourtant, les canons se sont tus. Dans la presqu'île d'Iges, les Prussiens ont parqué soixante-dix mille prisonniers. En ce mois de septembre, mille d'entre eux sont déjà morts de faim et de froid. Il n'en finit pas de pleuvoir. Les récoltes ont pourri, ou brûlé avec fermes et dépendances. C'est le cas à Roche. Mme Rimbaud doit déjà le savoir, même si les nouvelles vraies se répandent moins vite que les fausses. On raconte que partout, les uhlans ont violé les grand-mères, coupé la main droite des enfants, volé les horloges.

Le « chêne brisé » de Floing, monument élevé à la gloire des héros de la bataille de Sedan : « Il a deux trous rouges au côté droit. » (*Le Dormeur du val*, octobre 1870)

Jusqu'alors épargnée par les combats et l'occupation, Charleville n'en demeure pas moins traumatisée par la furie guerrière qui la cerne. Dès son retour au bercail, Arthur erre du côté du collège toujours rempli de blessés. Sur la façade, une croix rouge en toile recouvre la croix de Lorraine en pierre. Est-ce dans une prairie, à l'orée de Charleville, qu'il a de ses yeux vu les « deux trous rouges au côté droit » du *Dormeur du val* ? Ce serait plutôt le récit d'un témoin de ce drame qui lui aurait inspiré ce poème.

Comment oublier les uhlans, la cour du collège rougie par la folie des hommes ? Comment oublier les gifles maternelles reçues en présence de celui qu'il aime « comme un frère, comme un père » ? Et le père, le vrai, comment ne peut-il ne pas y penser ? Est-il mort pour l'Empire à Sedan ? Croupit-il dans la presqu'île d'Iges ? Se bat-il dans les armées de la jeune et vaillante République ? Désormais, Arthur sait comment tuer la guerre, la guerre des Prussiens, la guerre de maman-Mézières, la guerre du soldat inconnu de papa. Avec du papier, une plume, de l'encre, des rêves, des rimes, sous le toit du donjon maternel, dans les cris de l'abattoir municipal et national, il se débine, il est aux anges ! Le 29 septembre, il écrit un poème au titre clair comme de l'eau de Roche, *Roman*.

On n'est pas sérieux, quand on a dix-sept ans.
– Un beau soir, foin des bocks et de la limonade,
Des cafés tapageurs aux lustres éclatants !
– On va sous les tilleuls verts de la promenade.

Il y est, Arthur, sans y être ! Où ça ? Sous les Allées ? Voyons, les Allées sont peuplées de marronniers ! Alors ? *Les tilleuls verts de la promenade* sont ceux du Bois-d'Amour à Mézières, un lieu où *la ville n'est pas loin*. On comprend aussi qu'il est amoureux, Arthur. Amoureux comme on l'est à bientôt seize ans. Dans la tête, ça se passe ! On comprend qu'il a retrouvé sa Nina du 15 août. Dieu, ce qu'il a pu s'en passer des choses depuis le 15 août, en un mois et demi de temps !

Le cœur fou robinsonne à travers les romans,
Lorsque, dans la clarté d'un pâle réverbère,
Passe une demoiselle aux petits airs charmants,
Sous l'ombre du faux-col effrayant de son père…

Foin de la guerre, de la mère et du père ! Foin du « patrouillotisme » carolopolitain ! *Le cœur fou* d'Arthur robinsonne maintenant à travers la Belgique. Comment, la Belgique ? Le 7 octobre, il a de nouveau filé, sans prévenir personne. Direction les Ardennes belges, Charleroi ! Direction la vraie vie ! Direction *Ma Bohème* ! Nous verrons, au chapitre de cet ouvrage consacré aux Ardennes belges, combien notre *Petit Poucet rêveur* y vécut alors trois semaines prodigieuses. C'est durant cette seconde fugue, le 20 octobre 1870, qu'il fête ses seize ans. Ce jour même, le préfet des Ardennes fait placarder dans Charleville cette nouvelle : « Le ballon la République universelle portant Antonin Dubost, secrétaire général de la préfecture de police en mission, et son secrétaire, parti de Paris à 9 heures du matin, est descendu à Lonny entre Mézières et Rocroi, au milieu des bois, sans accident. Paris est héroïque, il est un exemple pour la France. Cette nuit encore il a repoussé victorieusement les Prussiens. De l'énergie dans les Ardennes ! Vive la République ! »

Une semaine plus tard, Arthur atterrit au domicile familial, non pas en ballon, mais à pied, et « vêtu de neuf ». La mère, elle, tombe du ciel. Quelques heures plus tard, voici Frédéric de retour. Il est sale, affamé, dépenaillé. Devant Metz, le cantinier clandestin a échappé de justesse à la captivité. Quels fils, ces deux frères Rimbaud ! Delahaye n'a pas assisté à leur retour. Il précise que son témoignage est écrit d'après un récit d'Arthur. Le voici : « Devant la maman indignée reparaissent presque en même temps les deux gaillards auxquels sa direction, pourtant si énergique et si vigilante, n'avait su inculquer l'amour d'une vie casanière. Eux pouvaient difficilement se regarder sans rire. Mais Arthur, de plus mauvais esprit sous certain rapport, trouvait amusant de blaguer le patriote Frédéric. Celui-ci, très calme, avec un accent quelque peu méridional qu'il avait contracté au régiment, et sur le ton apaisé de l'homme qui se repose, ne répondait que ces trois mots : "Tu me dégoûtes." »

À peine revenu, Arthur, le 2 novembre, confie sa détresse à Izambard : « Je meurs, je me décompose dans la platitude, dans la mauvaiseté, dans la grisaille… Je m'entête affreusement à adorer la liberté libre… Je devais repartir aujourd'hui même… et je voudrais repartir encore bien des fois ! Allons, chapeau, capote, les deux poings dans les poches, et sortons ! Mais je resterai, je resterai…

Je le ferai pour mériter votre affection… Il s'agirait de faire quelque chose pour vous que je mourrais pour le faire… »

Promis, juré, il ne fera plus de peine à sa vraie mère et à son faux père ! Un bon gamin, décidément, cet Arthur. Novembre et son temps de Toussaint. La Meuse et ses brouillards. Bientôt, l'hiver et ses blanches langueurs. Arthur s'installe dans le fatal ennui. Il sera, durant toute sa vie, son plus fidèle compagnon. Le collège est toujours un hôpital militaire. Les cours, dit-on, ne reprendront qu'en février 1871. Sa mère l'a prévenu : à la rentrée, il y sera pensionnaire. Juste sanction après tout ce qu'il a fait !

L'achillée mille-feuille du Bois-d'Amour

Désœuvré, en ce mois de novembre 1870, Arthur s'en va frapper à la porte de son ami macérien, Ernest Delahaye. Prodigieux témoignage d'Ernest sur leurs vacances, par la guerre prolongées ! En ces mois de novembre et décembre 1870, allons, avec nos deux compères, flâner parmi les murailles de Mézières en état de siège :

« L'avantage que nous trouvions aux portes de jardins, c'est qu'elles avaient comme palier une ou deux marches fort commodes pour s'y asseoir, le dos contre l'huis vermoulu, et allumer quelque cigarette amoureusement façonnée, en guettant qui venait le long de l'avenue aux beaux tilleuls ; car il est des gens indiscrets qui ne verront pas un petit jeune homme en train de fumer sans aller le chanter partout… Quand nous avions suivi de l'œil, voluptueusement, aussi longtemps que nous pouvions, les volutes légères et parfumées, Rimbaud, qui avait vu, la veille, quelque professeur ami d'Izambard, tirait de la poche de son veston … un Flaubert, ou bien la traduction de ce chef-d'œuvre de Dickens, *Les Temps difficiles*… On se levait un peu fiévreux, on marchait… Rimbaud revenait à ses rêves d'art !

« – Je ne suis encore qu'à entrevoir le but et les moyens. Des sensations nouvelles…, des excitants ! Les parfums, les poisons aspirés par la sibylle !

« Après l'animation de notre caquetage, il y avait eu un moment de silence, trop long, et, contrairement au proverbe, ce n'était pas un ange qui passait, car mon ami devint tout à coup le méchant gosse.

Ayant tiqué, à deux reprises, vers mon képi de collégien, il y tendit rapidement une griffe de chat qui joue.

« – Non, mais !... T'as pas fini ?...

« Et il recommença... Ma foi, j'en demande pardon à Dieu et aux hommes, mais pour venger ma coiffure, je donnai sur la sienne deux coups de poing, et tout de suite fus navré du résultat produit par mon geste : le petit chapeau melon, si harmonieusement bombé, autant dire tout neuf, présentait un enfoncement... qui ne se refermait pas. L'image de Mme Rimbaud parut dans mon esprit, et ma consternation, jointe à un reste de colère, me fit crier :

« – Et ta mère !... Qu'est-ce qu'elle va dire ?...

« Il haussa un peu les épaules :

« – C'est réglé d'avance : au pain sec pendant deux jours.

« Je passai, pour ma part, cinq minutes au moins à n'être pas fier du tout. Bien vite on parla d'autre chose... Nous continuâmes notre excursion, descendîmes dans le fossé et, après avoir gravi une contrescarpe en ruine, nous nous trouvâmes sur cette partie du terrain de servitude que l'on appelait le Pré-Réole. Ce pré allant jusqu'à la Meuse, j'avais l'intention de montrer à mon ami un tourbillon curieux, connu sous le nom de Fosse-au-Dragon, quand il étendit le bras dans la direction opposée :

« – Que s'est-il donc passé là-bas ? dit-il en montrant les jardins non loin du rempart.

« Là où existaient la veille, en masse touffue, de grands arbres fruitiers, s'étendait l'immense blancheur du ciel sur un tas confus de verdure saccagée, effondrée, aplatie. En somme l'auteur de ce bel ouvrage était M. le commandant de place, qui avait ordonné, conformément aux lois et règlements militaires – l'ennemi étant proche –, de raser autour des fortifications tout ce qui pouvait gêner la défense. Les soldats du génie avaient opéré avec un zèle rigoleur ; pas un arbuste ne restait debout, ils avaient coupé jusqu'aux groseilliers. La hache ou la pioche à l'épaule, sarcastiques et chantonnants, ils s'en allaient vers d'autres forfaits. En sorte que, très amusés, nous les suivîmes jusqu'au Bois-d'Amour (...) Les coupeurs d'arbres attaquaient alors le commencement du bois proprement dit ; plusieurs ormes étaient tombés ; deux tilleuls, les plus beaux de tous, venaient de s'abattre...

« Nous revenions, pensifs ; Rimbaud, comme c'était son habitude en les minutes émues, marmotta ou balbutia :

« – Il est des destructions nécessaires…

« Puis, s'animant, d'un ton net et railleur :

« – Il est d'autres vieux arbres qu'il faut couper, il est d'autres ombrages séculaires dont nous perdrons l'aimable coutume… Cette Société elle-même. On y passera les haches, les pioches, les rouleaux niveleurs… On rasera les fortunes et l'on abattra les orgueils individuels…

« Il cueillit au bord du chemin une fleurette, la première venue, c'était l'achillée mille-feuille, qui fleurit jusqu'aux premiers frimas. »

Le 2 novembre 1870, dans la lettre adressée à Georges Izambard, Arthur donne des nouvelles du siège de Mézières : « Pour quand ? On n'en parle pas… Par ici, par là, des francs-tirades. Abominable prurigo d'idiotisme, tel est l'esprit de la population. On en entend de belles, allez. C'est dissolvant ! »

CHAPITRE V

La grotte de Romery pour le communard désenchanté

Il fait froid en ce mois de décembre 1870. Moins vingt degrés la nuit. Grand soleil le jour. Montmédy et Thionville tombées, von Manteuffel décide d'en finir avec la place forte de Mézières, dérisoire hérisson qui continue de se mettre en boule sur la route du triomphe germanique. Son sort est réglé d'avance. Encerclée par l'artillerie la plus puissante du monde, elle ne dispose que de canons de faible portée. Ils sont destinés à repousser une attaque d'infanterie ! Dès le désastre de Sedan, les Carolopolitains, eux, ont compris que la nouvelle République, pas plus que le défunt Empire, ne ferait le poids face au mastodonte prussien. En cette fin d'année 1870, plus que jamais le fossé se creuse entre Mézières et Charleville. Habités, hantés même par le glorieux souvenir de Bayard, les Macériens ont gardé l'âme chevaleresque : pas question de hisser le drapeau blanc ! Le maire de Charleville reçoit cet ordre de Gambetta : « Résistance à outrance ! » Comment ? Résister ? Il n'a pas les pieds sur terre, il se croit toujours en ballon ! Le maire de Charleville proteste « au nom de la dignité de la ville, du respect de la vie et de la fortune de ses habitants ». Il aurait pu ajouter : à Mézières de jouer, votre *patrouillotisme* ne nous regarde pas ! Quand même, Charleville sauve l'honneur. Elle érige une barricade, sous la Bellevue-du-Nord, au niveau de l'actuel lycée Bazin. Il est vrai que demeure là un général en retraite, le père Noiset. (Sa villa se trouve toujours dans la cour du lycée : M. le proviseur y habite.)

Et Arthur, et Ernest, en ce mois de décembre lourd de glaces et de menaces ? « Hiver joyeux » note Delahaye ! Pas de cours, les canons qui vont tonner ! C'est la fête, la liberté absolue, l'anarchie totale ! « Car maintenant – ô désordre des mœurs, ô malheurs de la France ! – on ne se contentait plus de la cigarette : on fumait, Rimbaud une Gambier, moi une Jacob. »

La Gambier est de terre. C'est une pipe ardennaise, fabriquée à Givet. Delahaye poursuit :

« Il arriva que nos silhouettes, par trop brunes sur la neige trop blanche, agacèrent la sentinelle de l'autre côté de la rivière, sur un des bastions qui cerclaient la couronne de Champagne. Ce n'était pas naturel, après tout, ces deux promeneurs dans un tel endroit, par un temps pareil… "Qui vive ?" "Français, tout ce qu'il y a de plus Français !" lui cria Rimbaud riant comme un fou. Cependant, quand la neige tombait de nouveau, quant l'âpre bise nous fouettait (…), on ne pouvait que se laisser tenter par (…) une de ces baraques où se rangent les outils de jardinage, et qu'avait oubliée la hache des sapeurs. Alors (…) nous venions là, écartant les entrelacs de brindilles couvertes de givre. On tirait de leur cachette les deux pipes… Qu'importait le détail insignifiant de, parfois, un obus lancé au hasard par quelque bastion inquiet !… Rimbaud ouvrait un volume de Banville, et, dans ses yeux de myosotis qui suivaient la douce ivresse des flocons dansant par milliards autour de nous, s'allumait une flamme candidement joyeuse… »

Mézières en flammes : « Une tortue dans du pétrole »

Le 30 décembre, il neige et il vente. Fuyant le blizzard, nos deux collégiens, dans leur baraque de jardinier proche du Bois-d'Amour de Mézières, fument leurs bouffardes « déjà culottées de façon très convenable ». Les canons de la citadelle tonnent à plusieurs reprises. Ce n'est pas leur affaire. Leur affaire, leur grande affaire, celle dont ils viennent de débattre dans leur cabane, c'est leur avenir dans le journalisme ardennais. N'ont-ils pas adressé, l'un et l'autre, des articles incendiaires au père Jacoby, ce photographe de Charleville

« à la plus belle barbe argentée qu'il soit possible de voir… Républicain de vieille roche et ancien proscrit de Décembre » ? Jacoby vient de fonder un « journal démocratique », *Le Progrès des Ardennes*. Sous les pseudonymes de Jean Baudry et de Charles Dhayle, nos deux collégiens n'y sont pas allés de main morte. Rimbaud évoque « M. le Chancelier Bismarck rond comme une cosse ». Delahaye, lui, preuves à l'appui, soutient *mordicus* « que le maréchal Bazaine avait bel et bien trahi ». Alors, qu'est-ce qu'il attend, le père Jacoby, pour leur ouvrir ses colonnes ? Tandis que le blizzard et la canonnade redoublent, sous leur igloo nos deux collégiens relisent le message codé paru la veille dans *Le Progrès des Ardennes* : « MM. Jean Baudry et Charles Dhayle, vos articles m'intéressent, mais soulevez un peu le loup de votre bavolet, svp. » Jacoby leur demande de se démasquer. Ils vont le faire sur-le-champ ! Le destin du monde est au bout de leurs plumes. Soudain, un roulement de tambour ! Ils vont voir. Devant l'hôtel de ville de Mézières, le maire annonce que l'ennemi ouvrirait le feu au lever du jour… « Nous jugeâmes à propos de rentrer de bonne heure. Par un excès de précaution – que nous eûmes à regretter – j'emportai les deux pipes » confie Delahaye. Pourquoi les deux ? Parce que Arthur craint la fouille maternelle !

Le lendemain 31 décembre, à 7 heures du matin, un déluge d'obus s'abat sur Mézières. En une journée et une nuit, il en tombera six mille trois cent dix-neuf, dont huit cent quatre-vingt-treize incendiaires. Quel carnage ! Deux cent soixante-deux maisons détruites. Officiellement, quarante-trois morts ; en réalité, près de trois cents. Déclarée ville ouverte, Charleville est victime de quelques tirs mal ajustés, dont un sur le bureau du principal du collège. « Comme on est bête, quand on est jeune ! » s'exclame Delahaye. Son récit du bombardement est plein d'éclats de rire. Dans la cave de son domicile macérien, il était pourtant, lui, en première ligne. Les yeux écarquillés, voici ce qu'il découvre par le soupirail : « Les bonbons tombèrent dans la grande rue dès 8 heures du matin. À 9 heures, sur la hauteur du château, la pension Royer, qui servait de point de mire, brûlait tant qu'elle pouvait. En dessous, les toits crevés s'ouvraient aux étincelles. La maison du grainetier Brice, celle du chapelier Pivet furent ensuite les premières que je vis s'allumer toutes joyeuses.

Car il n'est rien de triomphalement gai comme un incendie livré à lui-même, sans aucun pompier qui l'ennuie. On ne put se servir des prises d'eau, pas plus qu'il ne fut possible de puiser dans la Meuse, une profonde couche de glace étant partout.»

Soudain, la maison des Delahaye prend feu. Ernest et les siens courent se réfugier dans l'ancienne gendarmerie. Le spectacle continue:

«La boucherie Poncinet (...) laissait voir ses étals, ses billots, son comptoir, tout cela dans un état de parfaite incandescence, mais les quartiers de moutons et de bœufs restaient suspendus à leurs crocs, et... c'était une gigantesque et fabuleuse friture qui produisait un bruit de cascade. Or, elle coulait, mon cher ami, elle ruisselait... sur... des pots de géraniums... L'espoir de conter à Rimbaud ce charmant épisode me rendit fier.»

Dans la nuit de la Saint-Sylvestre, Arthur a pu échapper à sa mère. Sur les hauteurs de Charleville, près de l'actuel lycée Bazin, il regarde Mézières brûler. Ce feu d'artifice de la nouvelle année le laisse froid. «Rien d'imposant... Une tortue dans du pétrole», dira-t-il à Delahaye. Mézières capitule le jour de l'an 1871, peu avant midi. Le lendemain, musique en tête, les vainqueurs défilent dans Charleville.

Pipe Gambier et chevelure de Mérovingien

Dans Mézières en cendres, mille cinq cents défenseurs prennent le chemin de la captivité. Les troupes d'occupation ne quitteront Charleville et Mézières que le 24 juillet 1873, à 3 heures du matin. Pour Arthur, il ne fait aucun doute qu'Ernest Delahaye a péri dans le bombardement de Mézières. Son nom et celui de ses parents figurent sur la liste des victimes publiée par *L'Étoile belge*, journal de Bouillon vendu à la criée dans les rues de Charleville. Arthur s'en va se recueillir devant les ruines fumantes de la maison d'Ernest, au coin de la rue Saint-Julien et du faubourg de Pierre. Voici le témoignage du mort vivant:

«Rimbaud constata qu'il n'en restait qu'un mur percé d'une embrasure de porte, qu'il franchit, sentit sous ses pas des marches au-dessus desquelles s'ouvrait l'entrée d'une cave. À sa grande surprise, il vit que rien n'empêchait d'y descendre. Alors il allait savoir... découvrir ou non les restes du camarade asphyxié... En fait de cadavres, il se trouve nez à nez avec deux grands gaillards, coiffés de bérets noirs à bande rouge, qui furetaient, s'éclairant d'un bout de chandelle. Ils lui souhaitèrent le bonjour, très poliment, et montrant un fût de bière épouvantablement enfumé, ils lui dirent avec douceur: "*Nix boune*!..." Il était fixé; l'ami n'était pas mort du tout et l'avait fait patauger pour rien parmi tant de gravats, mais où abritait-il maintenant sa carcasse?... »

Le lendemain, Arthur et Ernest tombent dans les bras l'un de l'autre. Arthur s'inquiète des pipes. Ernest confie: «Tu vois, ce four? Il servit autrefois à cuire des pommes, et ça ne lui arrivera plus. J'y avais placé, puisqu'elles devaient demeurer inconnues aux profanes, ta Gambier et ma Jacob: je les suppose représentées par cette pincée de poudre blanche.» Et Delahaye d'ajouter une autre triste nouvelle: «La maison où s'imprimait l'organe républicain fondé par M. Jacoby avait subi le sort commun de toutes celles de ce malheureux quartier. C'en était fait du *Progrès des Ardennes*.»

Le 28 janvier 1871, le gouvernement de la Défense nationale signe l'armistice. Installés à Versailles dès le 10 mars, Adolphe Thiers et l'Assemblée nationale négocient avec les vainqueurs tandis qu'à Paris le peuple veut poursuivre la lutte. Le 18 mars, les forces révolutionnaires de la capitale constituent un gouvernement insurrectionnel, la Commune de Paris. Durant la semaine sanglante, du 22 au 28 mai, M. Thiers et les Versaillais massacrent les communards.

De février à juin 1871, l'histoire de Rimbaud, elle aussi, est tumultueuse. Une révolution! À la mi-février, le marcassin Arthur, devenu un fougueux cochon sauvage, s'insurge contre sa mère. Pas question de céder à la laie qui le force à reprendre les cours dans le théâtre de Charleville aménagé en collège provisoire! Maman-Versailles, maman-Thiers tire à boulets prussiens. Debout sur sa barricade, l'insurgé ne cède pas un pouce de terrain. Du haut de ses seize ans, il se décrète poète du Parnasse. Il se laisse donc pousser les cheveux. Impressionnant témoignage de Delahaye:

«Ils poussent, ils poussent, lui tombent sur les épaules, descendent, bouclés, jusqu'au milieu du dos. Et il se promène ainsi, il passe et repasse tous les jours dans la *grande rue*... Étonnements, joies, ricanements, réflexions, interpellations, il traverse tout, imperturbable, mettant parfois son chapeau rond sous son bras, pour que l'on puisse constater, sans doute aucun, l'étrange phénomène.

« Un jour, un spirituel jeune homme lui tendit paternellement deux beaux décimes : "Tiens, mon petit, prends ça et va te faire couper les cheveux." On devine les éclats de rire de la troupe. Mais à l'étonnement penaud du loustic, Rimbaud, pas vexé du tout, prit vivement les quatre sous et les mit dans sa poche. "Ce sera, me dit-il, pour nous payer du tabac." »

Il ne se cache plus pour fumer sa Gambier, fourneau tourné en bas. À la bibliothèque, il réclame au vénérable père Hubert des traités d'occultisme ou de sorcellerie. Un voyou ! Une crapule ! Avec Delahaye, pourtant, Rimbaud redevient Arthur. Il remet les pieds sur terre tout en prenant l'air du grand large dans la proche campagne. Delahaye raconte :

« Et vous pouvez croire que nous en fîmes, des lieues, dans la boue, dans la neige, vers Warcq, Évigny, Warnécourt, La Francheville… par les chemins de traverse où l'on pataugeait, insoucieux, dans les profondes ornières ou sur la grand-route aux peupliers sonores !… Il me lisait alors ses derniers poèmes… Nous rencontrions parfois, lourdement balancés au pas de leurs attelages où cliquetaient les grands sabres larges comme la main, des soldats du train de l'armée ennemie, qui nous regardaient en passant, l'œil paterne, et sans doute inspirés par les souvenirs de leur enfance rurale, nous saluaient d'un "Ponne promenâte !". Rimbaud gloussait, moqueur, au nez de ces esclaves… Un jour, au début de 71, comme nous traversions un bois touffu, il heurta de la tête le tronc d'un jeune robinia et je vis à son front une goutte de corail :

« – Tu saignes ! lui dis-je.

« Il me répondit en souriant :

« – C'est l'épine de la pensée. »

À la fin de février, le parnassien de Charleville vend sa montre pour acheter un billet de train : direction Paris où il espère rencontrer poètes et artistes. Seul, le caricaturiste André Gill le reçoit. Sans le sou, affamé, frigorifié, Arthur passe les nuits dans les soutes des péniches à charbon, se nourrit à l'aube de détritus des poubelles. À la mi-mars, il rentre à Charleville, à pied et en loques. Sa mère : ni gifles ni embrassades. Elle l'avertit que le collège rouvre ses portes le 12 avril et que s'il refuse d'y entrer, elle coupera les vivres. Arthur retrouve Ernest dont la famille a déménagé au Theux, village de trois cents âmes situé à deux pas de Mézières. Stupeur des indigènes! *Qui que c'est, c'tou-là ?* Qui c'est celui-là? Un énergumène dont les cheveux couvrent les épaules et le dos!

«Cette fantaisie de Rimbaud avait pu soit consterner, soit amuser Charleville, raconte Delahaye. Au Theux, l'on ne rit pas de ces choses et les gamins, carrément, reçurent le Mérovingien à coups de pierres... Cependant, la philosophie et la politique alternaient pour nous avec la littérature. Le temps se maintenant très doux, l'on pouvait s'asseoir dans l'herbe; parmi les bouleaux, les faux ébéniers, les robinias adolescents de bosquets légers, gris et roses, piquetés d'or et d'émeraude, situés à gauche du chemin qui monte à Romery et cachant... une ancienne carrière de grès... à une heure du Theux. Au creux du roc nichaient la hulotte et la chauve-souris; c'était ombreux et ensoleillé, désert, loin du chemin. On y était rudement bien pour philosopher et griller des fardes. Dans une paroi de la carrière de Romery, une excavation profonde, due, sans doute, à une explosion de mine, et que nous avons baptisée "la Grotte"... "Je serai très bien là, dit Rimbaud; apporte-moi chaque jour un morceau de pain, il ne m'en faut pas davantage. De cette façon, je serai libre!"... »

Vivre à Romery, en ermite! Se claquemurer chez les chauves-souris pour vivre de poésie et d'eau fraîche. Infantilisme? Immaturité? Pour Arthur, qu'est-ce que cette grotte sinon l'aveu formel de son impuissance à assumer sa vie, à vivre le monde? Que sera sa destinée sinon l'explosion de cette grotte, de ce ventre maternel désiré et interdit? Rimbaud compare sa mère à une «bouche d'ombre». Il aurait pu dire une «grotte»!

En ce printemps de 1871, parmi hulottes et chauves-souris, dans les fumées de la Gambier et de la Jacob, nos deux compères discutent de l'incroyable nouvelle: le peuple de la capitale vient de s'insurger contre Thiers et Versailles! Vive la Commune de Paris! Vive la Révolution! «Nous poussâmes une balade jusqu'à Charleville pour voir la tête des gens, se souvient Delahaye. En passant devant les boutiquiers aux figures décomposées..., nous avions la cruauté satanique de proférer ces paroles affreuses: "L'ordre est vaincu!" »

Quelles canailles, nos deux communards ! Pipe aux dents, le Mérovingien et son acolyte arpentent à grands pas les principes révolutionnaires et les doux vallonnements de la proche campagne du chef-lieu des Ardennes. Delahaye témoigne :

« Quittant le respectable – mais d'un esprit par trop rugueux – Theux, on filait comme à coups d'ailes d'hirondelle, tout le long de la route blanche, sur Saint-Laurent, sur Romery… Ou bien, sans monter, l'on tournait à droite, on passait l'écluse, on était à Lumes, aux Ayvelles, on s'arrêtait près de l'étang où les roseaux semaient les dernières aiguilles des derniers frimas.

« Et puis, ayant traversé, farouches, la ville de Mohon, nous nous trouvions caressant les grosses têtes moussues des bons vieux saules qui accompagnent en sa promenade Madame la Vence, rivière adorable tellement de grâce onduleuse et menue, que nous ne pouvions que la suivre, en amoureux dociles, par tous ses prés clairs encadrés de peupliers d'Italie. Et puis nous foulions d'un pied vainqueur la route de Boulzicourt. Mais les chemins de traverse nous tiraient comme par la manche…

« Et l'on commentait ardemment la révolution parisienne, ses conséquences, les perspectives qu'elle ne manquerait pas d'ouvrir. Est-ce que le peuple ne venait pas d'entrer une fois de plus dans la Bastille ?… Alors on s'écriait : "Quel est ce merveilleux village ?" Et c'était La Francheville tout uniment. Parfois l'on se trouvait en face d'un casseur de cailloux, travailleur candide et curieux qui éprouvait le besoin de causer, de savoir des nouvelles… Très complaisamment, avec cette justesse de langage qui lui permettait de se mettre à la portée de n'importe qui, Rimbaud lui parlait de la révolution communaliste : le peuple venait de s'insurger pour la liberté, pour le pain… un effort de plus, il serait définitivement victorieux… il fallait se soulever partout… L'homme écoutait, intéressé d'abord, effaré ensuite ; puis il baissait le front, tout pensif, reprenait son marteau, continuait de broyer ses cailloux et murmurait en hochant la tête : "Y a du vrai dans ce que vous dites !" »

« Ô cœurs de saleté ! »

Le 12 avril, jour de l'ouverture du collège, Arthur envoie sa mère au diable. Il est embauché par le père Jacoby au *Progrès des*

Ardennes ressuscité. Il débute comme gratte-papier. Il trie le courrier. Qu'importe ! Bientôt, il sera rédacteur en chef. Il fera trembler le préfet et les bourgeois. Trois jours après l'ouverture du collège, les autorités d'occupation interdisent *Le Progrès des Ardennes* jugé trop subversif. Alors Rimbaud s'en va à pied à Paris, s'enrôler chez les communards. Une question de ventre, même si le cœur y est ! La Commune donne trente sous par jour à qui viendra défendre sa cause. Affecté à une section de francs-tireurs volontaires, il loge à la caserne du Château-d'Eau où il subit la goujaterie d'une soldatesque sans uniforme. Les baïonnettes trempent plus dans la vinasse que dans l'idéal révolutionnaire. Écœuré par la chienlit parisienne, le Gavroche de Charleville rentre, à pied, dans sa ville natale. Très peu probable que ce soit lui que *Le Courrier des Ardennes* dénonce dans son édition du 12 mai 1871 : « Nous ne pensons pas que les partisans de la Commune soient très nombreux à Charleville… Mercredi dernier, sous nos fenêtres …, nous avons entendu très distinctement, quoique proféré d'une voix discrète : "Vive la Commune !…" Nous aimons à croire que la police a l'œil ouvert… et qu'elle saura mettre bon ordre. »

Si Rimbaud ne s'est pas battu avec les insurgés de la Commune de Paris, il est ardemment à leurs côtés dans le poème *Paris se repeuple* où il crache sur Thiers et les Versaillais.

> Ô cœurs de saleté, bouches épouvantables
> Fonctionnez plus fort, bouches de puanteurs !
> Un vin pour ces torpeurs ignobles, sur ces tables…
> Vos ventres sont fondus de honte, ô Vainqueurs !

Dans son enfance, rue Bourbon, et durant sa jeunesse, Rimbaud fut le témoin de l'effroyable misère des ouvriers de Charleville. Elle est dans *Les Effarés*, dans *Les Pauvres à l'église*. Quant aux *Chercheuses de poux*, « aux doigts fins, terribles et charmeurs », Arthur les a vues à l'œuvre dans les taudis de la rue Bourbon ou du quartier Saint-Ignace. *Le Forgeron* martelait et embrasait le quotidien des quartiers populaires de Charleville. Une fabrique de ferronnerie jouxtait le domicile des Rimbaud, quai de la Madeleine. Témoin de l'industrialisation du Second Empire, Rimbaud a vu les sorties d'usines dans les brumes de Meuse : sinistre troupeau d'hommes, de femmes, d'enfants épuisés.

Le tas des ouvriers a monté dans la rue,
Et ces maudits s'en vont, foule toujours accrue
De sombres revenants, aux portes des richards.

Ici encore les témoignages de Delahaye sont précieux. Celui-ci, par exemple. Arthur avait alors treize ans :

« Place Ducale …, des gamins pleins de joie, des femmes ardemment curieuses … entouraient un pauvre diable d'ouvrier tellement ivre qu'il ne pouvait faire trois pas et pleurait à chaudes larmes, en gémissant : "Crapule… je suis crapule !…" et s'administrant, pour en témoigner, de grands coups de poing dans l'estomac. Je contai la chose à Rimbaud, croyant le faire rire. Il fronça le sourcil, devint très rouge et ne dit rien : mais il s'en souvenait quand il écrivit *Le Forgeron*, ce beau poème de colère et de pitié : "J'ai trois petits. Je suis crapule"… »

CHAPITRE VI

Le *Voyant* de Charleville s'encrapule avec Verlaine

Le 13 mai 1871, de Charleville, Rimbaud écrit à Georges Izambard, son ancien professeur de rhétorique, muté à Douai. «Maintenant, je m'encrapule le plus possible. Pourquoi? Je veux être poète et je travaille à me rendre *Voyant*: vous ne comprendrez pas du tout, et je ne saurais presque vous expliquer. Il s'agit d'arriver à l'inconnu par le dérèglement de *tous les sens*. Les souffrances sont énormes, mais il faut être fort... »

Rimbaud n'explose pas. Il a explosé. Il est boule de feu, météore, planétaire. Il ne s'échappe pas. Il nous échappe. Génie des génies, son œuvre jaillit des abysses éclatés d'un collégien qui n'a pas encore dix-sept ans. Dans deux ans, il décidera de ne plus rien écrire. On touche à l'indicible, à l'invisible. *Le Petit Poucet rêveur* est plus encore qu'une étoile, une galaxie. Son œuvre porte un nom, le cosmos. C'est dire qu'à vouloir expliquer Rimbaud, certains ont perdu la tête. Ils se croyaient cosmonautes. Ils ne sont que les charretiers d'un piètre équipage.

Au printemps de 1871, le *Voyant* possède encore chair et os. Rimbaud est toujours Arthur. Le 14 mai, il assiste à la communion solennelle de sa sœur Isabelle. On la voit, en aube, dans la nef de l'église Saint-Rémi. Et lui, le *Voyant*? On le voit faire le signe de croix et se régaler, au dessert, en dévorant chou à la crème et religieuse. Et puis, en douce, un peu plus tard, en rive de Meuse, ou dans le crépuscule de la chambre, le voyou voyant écrit *Les Premières Communions.*

« Elle passa sa nuit sainte dans les latrines. »

Dans les rues de Charleville, il insulte les curés, écrit « Merde à Dieu ! » sur les bancs publics. Deviendrait-il fou ? Delahaye, sa mère le pensent, le disent. L'exorciser ? Le brûler ? N'est-il pas déjà en cendres ? De braise, plutôt. Delahaye le voit écrire à la craie sur les bancs : « M... à Dieu ! » « Pourquoi, continue Ernest, s'il rencontre un abbé dans la rue, s'exclame-t-il sur un ton sarcastique : "Un prêtre !" ?... Pourquoi cette rage convulsive... ? », s'interroge Delahaye.

On trouve un semblant de réponse dans la lettre que Rimbaud adresse le 28 août au poète douaisien Paul Demeny, ami d'Izambard :

« Enfermé dans cette inqualifiable contrée ardennaise..., j'ai fini par provoquer d'atroces résolutions d'une mère aussi inflexible que soixante-treize administrations à casquettes de plomb... Elle a voulu m'imposer le travail perpétuel à Charleville (Ardennes) ! Une place pour tel jour disait-elle ou la porte. Je refusai cette vie ; sans donner mes raisons : c'eût été pitoyable ».

La mère, toujours la mère ! La Commune de Paris, elle aussi, avait « le bleu regard – qui ment » ! Tout n'est que mensonge, vilenie, veulerie.

S'accrocher à qui, à quoi ? À la belle rencontrée, *À la musique*, square de la gare ?

> Je ne dis pas un mot : je regarde toujours
> Je suis sous le corsage et les frêles atours.

Pour quelle Carolopolitaine a-t-il brûlé d'un fol amour ? On l'ignore. Son chagrin fut immense. Il l'a confié à Louis Pierquin, un camarade de collège. Dans ses *Souvenirs d'un ami de Rimbaud*, Louis Pierquin raconte : « Je lui dis : "Eh bien, où en sont tes amours ? As-tu des nouvelles de la petite ?" Selon l'expression que lui appliquait notre ami commun Ernest Millot, il plaqua son regard sur le mien, regard d'une tristesse dont je fus troublé, et il me dit : "Je t'en prie, tais-toi !" Accoudé sur la table, la tête entre ses mains, il se mit à pleurer. Cette scène navrante, je ne l'oublierai jamais. »

Que faire, sinon s'encrapuler dans Charleville, insulter les curés, les bourgeois, les *Assis* de la bibliothèque municipale ? Arthur s'exhibe au café Dutherme, place Ducale, ou au café de l'Univers, près du square de la Gare. Il y rencontre le professeur de philosophie Léon Deverrière et l'employé des contributions Charles Bretagne, personnages hauts en couleurs qui, le sachant sans le sou, lui offrent chopes de bière et paquets de tabac. Anarchiste tonitruant, débordant de graisse et de bière, bouffeur de curé, épris d'occultisme et de sorcellerie, Charles Bretagne est ami de Paul Verlaine. Tout naturellement, Charles propose à Arthur d'écrire à Paul à Paris. « Recommande-toi de moi ! Il te répondra. Peut-être qu'il te recevra, le sacré Paul ! »

On n'est pas sérieux quand on a dix-sept ans, et même seize ans, dix douzièmes. Déboussolant Rimbaud ! En cet été 1871, le *Voyant*, d'un coup, redevient Arthur, un gamin farceur. Le voici grimpant avec Delahaye dans le clocher en ruine de la basilique de Mézières. Dans la chambre des cloches, Arthur s'empare du vase de nuit du guetteur. De quoi inspirer, une nouvelle fois, le lyrique Delahaye !

« Rimbaud s'élança, tenant par l'anse le vase candide, le vase innocent, le vase qu'avaient épargné les obus, vers la gigantesque baie garnie de ces lames de bois couvertes de zinc que l'on appelle des abat-sons, ou encore des ouies… Je poussai un cri… trop tard !… C'était fait !… Je me précipitai à l'ouverture, je regardai, plein d'admiration et d'angoisse… Le blanc projectile, savamment lancé, décrivait – songez un peu de quelle hauteur ! – une parabole majestueuse… Quand enfin – cela me parut long – il toucha le sol, au milieu même de la place, non loin de l'endroit où s'élevait précédemment l'arbre de la Liberté planté en septembre et enlevé depuis la Commune. Je n'entendis qu'un bruit de noix qu'on écrase et je ne vis qu'une fusée de miettes infinitésimales projetées, dispersées, envolées, disparues. »

Le Bateau ivre ou « l'éclatante merveille »

Nos deux collégiens reprennent leurs galipettes dans la riante campagne environnante. Au Theux, le village de Delahaye, les autochtones s'imaginent qu'Ernest a changé d'ami. Le *Voyant* s'est fait couper les cheveux. Ne serait-il plus voyou ?

« Du Theux, raconte Delahaye, on escaladait la colline d'Aiglemont, village aimable où tapotaient gaiement quelques marteaux... On s'étendait sur un odorant tapis d'origan et de serpolet ; on passait des heures à contempler au bas la Meuse, coulant molle et douce ; étincelante de calme joie... » D'autres jours, ils vont dans le bois de La Havetière, à la sortie de Charleville, vers Nouzonville. « Il arrivait, ajoute Delahaye, que l'on avait soif et que l'on possédait à nous deux, en joignant toutes nos ressources pécuniaires, deux sous. On n'entrait pas moins chez l'honnête Chesnaux, qui nous servait une chope, équitablement répartie en un double verre. Pour cette menue dépense, on restait longtemps attablés dans la grande salle très fraîche, très silencieuse, dont la porte et les fenêtres s'ouvraient sur les verdures profondes. »

C'est à « l'entrée du bois Fortemps, près d'Évigny », que Rimbaud lit *Le Bateau ivre* à son ami Ernest.

Comme je descendais des Fleuves impassibles,
Je ne me sentis plus guidé par les haleurs :
Des Peaux-Rouges criards les avaient pris pour cibles
Les ayant cloués nus aux poteaux de couleurs.

« À l'audition d'une aussi éclatante merveille, raconte Delahaye, je célébrai à l'avance l'entrée foudroyante qu'il ferait ainsi dans le monde littéraire... Rimbaud demeura triste et abattu.

« – Ah ! oui, reprit-il, on n'a rien écrit encore de semblable, je le sais bien... Et cependant. Ce monde de lettrés, d'artistes !... Les salons, les élégances !... Je ne sais pas me tenir, je suis gauche, timide, je ne sais pas parler... Oh ! pour la pensée, je ne crains personne... mais... Ah ! qu'est-ce que je vais faire là-bas !... »

Là-bas, c'est Paris, où l'attend Verlaine. Rimbaud, lui a adressé des poèmes, dont *Le Bateau ivre*. « Venez, chère grande âme ! » a répondu Verlaine.

En cette matinée d'août 1871, c'est l'heure du grand départ. À la gare de Charleville, Ernest embrasse son ami. « Rimbaud souriait, calme, raconte Delahaye. Son voyage allait s'accomplir jusqu'au bout de façon très confortable, car le généreux Deverrière venait de lui donner plus que le prix du ticket de troisième classe : un beau louis d'or qu'il me montrait, qu'il faisait miroiter au soleil. »

À Paris, sur le quai de la gare de Strasbourg (aujourd'hui gare de l'Est), Paul Verlaine et Charles Cros attendent le poète ardennais. Ils ne l'interpellent pas. Un tel échalas, aussi mal fagoté, ce ne peut être lui. Durant cette année 1871, Rimbaud a grandi de vingt centimètres. Delahaye le décrit ainsi : « Plutôt maigre, ni élégance, ni lourdeur. Dans l'allure, une sorte de laisser-aller candide, robuste et aventureux... En somme il avait l'air d'un paysan pas trop grossier. » Dans ses *Mémoires*, Mathilde, l'épouse de Verlaine, se souvient de l'arrivée de Rimbaud à son domicile parisien : « C'était un grand et solide garçon à la figure rougeaude, un paysan. Il avait l'aspect d'un jeune potache ayant grandi trop vite, car son pantalon écourté laissait voir des chaussettes de coton bleu tricotées par les soins maternels. » Quant à Léon Valade, il écrit à son ami Blémont : « Vous avez bien perdu de ne pas assister au dîner des Affreux-Bonshommes. Là fut exhibé, sous les auspices de Verlaine (...), un effrayant poète de moins de dix-huit ans, qui a nom Arthur Rimbaud. Grandes mains, grands pieds, figure absolument enfantine », celle-là même que le peintre Henri Fantin-Latour immortalisera dans *Coin de table*. Envoûté par le visage de chérubin, le regard de fauve, le génie poétique, les propos incendiaires et volontiers orduriers de sa « chère grande âme », Verlaine lui offre la certitude d'être absolument *Voyant*. Six mois auparavant, le 13 mai 1871, dans la lettre adressée à Georges Izambard, Rimbaud n'avait-il pas écrit que pour devenir poète, « il s'agit d'être arrivé à l'inconnu par le dérèglement de tous les sens » ?

Le cochon sauvage des Ardennes

Paul a vingt-sept ans. Mathilde, son épouse, a l'âge d'Arthur. Elle est enceinte. Qu'importe à « l'effrayant poète de moins de dix-huit ans » des Ardennes françaises ! Sachant qu'il est devenu le Dieu et le Maître de Paul, il lui impose le ménage à trois, exige bientôt qu'il envoie au diable Mathilde et leur petit Georges qui vient de naître. Quand les remords torturent Paul, Arthur l'injurie, se complaît à le faire boire plus encore que d'ordinaire, sachant que l'alcool le rend fou. Des deux, le plus pervers n'est pas celui que l'on croit. Chassé par Mathilde et ses parents du domicile des

Verlaine, Rimbaud mène une vie de bohème dans la capitale. Il loge dans d'obscurs meublés, des hôtels borgnes où Paul le rejoint. Pauvre Verlaine, déchiré entre sa passion pour Arthur dont il assure financièrement la survie et son ardent désir de sauvegarder son ménage ! Un cochon sauvage des Ardennes, le *Voyant* de Charleville. Il se vautre dans la saleté et la goujaterie, exhibe les poux de sa tignasse, la vermine de sa chemise. Théodore de Banville lui offre de loger un temps dans la chambre de bonne de son appartement cossu. Rodolphe Darzens prétend qu'il y aurait « pris plaisir à briser la porcelaine, cuvette et vase de nuit, et fort peu après, ayant besoin d'argent, vendu les meubles ». Le cochon sauvage des Ardennes scandalise ses confrères poètes lors d'un banquet des Vilains-Bonshommes. Tandis qu'ils y déclament leurs œuvres, Rimbaud ponctue chaque vers d'un « merde ! » retentissant.

Le brave Ernest Delahaye débarque alors, pour la première fois de sa vie, à Paris. Désirant y rencontrer son ami Arthur, il s'adresse à Verlaine qui lui répond :

– Rimbaud ? Où il perche ? Dame ! Un peu partout, même nulle part… Aujourd'hui, je sais où le trouver…

Verlaine mène Delahaye boulevard Saint-Michel. Désignant du doigt l'hôtel des Étrangers, il s'écrie :

– C'est ici que le tigre a sa tanière !

Un tigre ? Plutôt un épouvantable cochon sauvage, que Delahaye découvre vautré dans sa bauge. Arthur lui avoue qu'il vient de prendre du haschich. Delahaye est consterné. Il pensait que Paris allait donner des ailes au génie poétique de Rimbaud, que les éditeurs allaient se disputer la publication de son œuvre. Il découvre une épave.

– Paris, dit-il à Ernest, est un ramassis de cupidités et de grossièretés, un fourmillement d'imbéciles encasernés.

En mars 1872, crucifié par les remords, Verlaine accepte de se rabibocher avec Mathilde. Il demande à Rimbaud de quitter Paris. Humilié, Arthur entre dans une rage folle, frappe Paul, déverse un tombereau d'insultes sur Mathilde, son ignoble rivale. C'est alors que la mère d'Arthur lui ordonne de rentrer immédiatement à Charleville. Elle vient d'y recevoir une lettre anonyme l'alertant qu'à Paris, Arthur fait tout pour briser le ménage de Verlaine. Comment ne pas envisager que cette lettre fut écrite par Verlaine, afin de hâter le départ d'Arthur ?

Le *Voyant* quitte Paris avec la certitude qu'un jour prochain il y reviendra terrasser la satanée Mathilde. Une soif de vengeance digne des Cuif de Roche. Après un bref et mystérieux séjour à Arras, Arthur, sans le sou, dépenaillé, s'en retourne à Charleville où l'accueillent les cris et les gesticulations de maman-fléau. Et puis l'ordinaire de l'encasernement maternel rythmé par de longs silences, des prières, des soupes fumantes, des devoirs à faire. Que l'on ne s'y trompe pas, la paysanne de Roche sait ce que son fils est devenu. Elle n'en souffle mot. Elle souffre en silence. Elle prie. Et lui, le *Voyant* cocufié par Mathilde, cocufié par les poètes parisiens qui n'ont retenu que ses frasques, ses mœurs, ses coups de gueule ? Il est au-delà de la souffrance, du désespoir, de la révolte. Il est Rimbaud. Seul avec son grisou. Son génie. Seul avec les démons qui l'habitent, le hantent et l'ont forcé à *s'encrapuler*. À écrire. Lors de son séjour parisien, il n'a composé qu'un seul poème, *Voyelles*. L'on devine que pour lui, Paris fut ce

> A, noir corset velu de manches éclatantes
> Qui bombinent autour des puanteurs cruelles.

Les puanteurs de l'abattoir municipal de Charlestown, elles, ne sont pas cruelles. Elles appartiennent à l'ordinaire de sa ville natale où, peu à peu, la Meuse qui coule et les heures qui s'écoulent, les Prussiens qui défilent, Ernest Delahaye et d'autres copains de collège retrouvés, l'aident à s'apaiser. À écrire neuf nouveaux chefs-d'œuvre dont la *Chanson de la plus haute tour*. Elle débute et s'achève sur un couplet à la musique verlainienne. Mais n'est-elle pas destinée à Paul ?

> Oisive jeunesse
> À tout asservie
> Par délicatesse
> J'ai perdu ma vie.
> Ah ! Que le temps vienne
> Où les cœurs s'éprennent !

Verlaine ! De Charleville, Arthur lui adresse une lettre où huit fois, à la queue leu leu, il répète « Merde pour moi ! » Il ajoute : « Quand vous me verrez positivement manger de la merde, alors seulement vous ne trouverez plus que je coûte trop cher à nourrir. » Élégante manière pour faire comprendre à Paul que si avec l'argent de Mme Verlaine mère, il voulait bien de nouveau l'aider pécuniairement, il pourrait se payer le train pour Paris. Paul répond qu'il l'attend, qu'il espère. Mais qu'il se soucie, cette fois, d'« être moins terrible d'aspect », donc de veiller au « linge, cirage, peignage ».

C'est fait. À Paris, ils ne font plus qu'un. Un ? Et Mathilde ? Arthur triomphe. Paul n'a pas seulement chassé la maudite rivale. Il l'a frappée et a manqué de peu de la brûler vive en craquant une allumette dans sa chevelure. Mais Paul cultive les remords comme les paysans de Roche le blé, obstinément. Déjà il supplie Mathilde de ne plus demander le divorce. Arthur enrage, frappe Paul, lui charcute les jambes avec une lame de couteau.

En juin 1872, de Paris où règne une chaleur accablante, Rimbaud écrit à Delahaye : « Le cosmorama Arduan… la province… ce n'est pas ce que je regrette. Aussi tu as raison de la détester. Mais ce lieu-ci… et l'été accablant : la chaleur n'est pas constante, mais de voir que le beau temps est dans les intérêts de chacun et que chacun est un porc, je hais l'été… J'ai une soif à craindre la gangrène : les rivières ardennaises et belges, les cavernes, voilà ce que je regrette. »

À Paris, il rêve de la caverne de Romery, de la Vence, de la Semoy ! Voilà qui ne l'empêche pas de préciser à Delahaye qu'il « souhaite que l'Ardenne soit occupée et pressurée de plus en plus immodérément » par les Prussiens. Étonnant aveu de ses relations avec le pays natal. Il le déteste, mais ne peut s'en passer.

Dans sa lettre à Delahaye, Arthur confie qu'il travaille « de minuit à cinq heures du matin » dans une « chambre jolie » donnant « sur une cour sans fond ». La lettre s'achève par un vocabulaire scatologique dans lequel le cochon sauvage des Ardennes aime se vautrer. « N'oublie pas de chier sur la *Renaissance*, journal littéraire et artistique, si tu le rencontres. J'ai évité jusqu'ici les pestes d'émigrés Carolopomerdés. Et merde aux saisons ! »

L'on connaît une des « pestes d'émigrés » de Charleville qui est venue le *carolopomerder* à Paris. Il s'agit de son copain de collège

Jules Mary, Ardennais natif de Launois qui fera carrière en écrivant des feuilletons, notamment *Roger la Honte*. Probable que dans la gargote parisienne où Jules Mary l'a invité à manger, Rimbaud ait confié que la revue *Renaissance* a refusé son sonnet *Voyelles*. Au demeurant, aucun journal, aucun éditeur ne veut le publier. Dès lors, puisqu'à Paris tout est perdu, y compris Verlaine, il lui reste à s'en retourner dans le *cosmorama Arduan*. Il le fait le 9 juillet 1872, mais pas dans le désespoir que l'on imagine. Verlaine a, de nouveau, plaqué sa femme. Verlaine lui est revenu ! Alors, Paul et Arthur se débinent en Belgique où dans la seconde partie de cet ouvrage nous les suivrons à Pussemange, Philippeville, Walcourt, Charleroi, Bruxelles.

La mer !

Deux mois plus tard, ils décident d'aller filer le parfait amour à Londres. Le 7 septembre, ils embarquent à Ostende pour Douvres. Première fois que Rimbaud voit la mer. La mer, le rêve de tout Ardennais ! À bord, de nuit, Arthur témoigne de son émotion. Il écrit *Marine*, poème où la mer du Nord et l'océane forêt d'Ardenne se mêlent.

> Les proues d'acier et d'argent –
> Battent l'écume –
> Soulèvent les souches des ronces,
> …
> Filent circulairement vers l'est,
> Vers les piliers de la forêt.

En novembre, Arthur donne enfin des nouvelles à sa mère. Il habite Londres. Il va bien. Mais il y a un hic. Et de taille. La femme de Verlaine poursuit son mari en justice. Elle l'accuse d'avoir abandonné le domicile conjugal et de vivre avec un adolescent de dix-sept ans. Son fils traîné dans la boue ! L'honneur de la famille bafoué ! Mme Rimbaud ordonne à Arthur de rentrer immédiatement à Charleville. Quant à elle, pour la première fois de sa vie, elle se rend à Paris. Elle y rencontre la mère de Verlaine. Trois choses les rapprochent instantanément : elles sont d'origine paysanne, elles ont épousé un capitaine de l'armée française, elles veulent sauver leur fils. Mme Verlaine mère désigne les responsables des malheurs de Paul : sa femme Mathilde et sa belle-mère. Mme Rimbaud se rend chez elles. Accueil glacial. Dépitée, la mère d'Arthur reprend le train pour Charleville. Elle a fait son devoir. Dieu la récompense à la Noël. Arthur est de retour. Pour une fois, la bûche n'est pas seulement de bois.

En ce début de l'an 1873, Rimbaud retrouve Delahaye à Charleville où se pavanent les occupants prussiens. Arthur lit à Ernest des passages d'une prose ébauchée à Londres. Il s'agit des *Illuminations*, texte qui, à l'image de son auteur, a volé en éclats. Étonnant, cependant, comme dans Londres « la ville monstrueuse », telle une gerbe d'étincelles sur l'enclume du forgeron, scintillent les réminiscences ardennaises.

> Les sentiers sont âpres. Les monticules se couvrent de genêts… À la lisière de la forêt – les fleurs de rêve tintent, éclatent, éclairent.

À la mi-janvier, Rimbaud reçoit à Charleville une lettre de Verlaine. Paul y affirme qu'à Londres, il est en train de mourir « de chagrin, de maladie, d'ennui, d'abandon ». Arthur annonce la nouvelle à sa mère, lui demande de lui donner de quoi payer le voyage à Londres. On devine la force avec laquelle elle lui claque la réponse et la porte au nez. Alors, en vrai Cuif qu'il est, Arthur trouve la fabuleuse parade. Il lance un SOS à la mère de Verlaine. Celle-ci vole au secours de son pauvre Paul en adressant l'argent du voyage. Suivant les conseils d'Arthur, le mandat est adressé en poste restante à Charleville. Au nom de M. Ernest Delahaye !

À Londres, la joie des retrouvailles n'est que feu de paille. Verlaine se sauve en Belgique où il a demandé à sa femme de le rejoindre, précisément à Namur. Dépité, Rimbaud rentre dans les Ardennes françaises d'où il ira se rabibocher avec Verlaine dans les belges Ardennes où nous les y retrouverons dans la seconde partie de l'ouvrage.

De nouveau ils s'en vont vivre à Londres où, de nouveau, les scènes de ménage éclatent. Paul pleure et boit de plus en plus. Éternelle rengaine, il ne veut pas que sa femme le quitte. Il veut garder

Arthur. Le *Voyant* de Charleville explose de rage, gueule, cogne. Dans les *Illuminations*, il témoigne du quotidien dans la bauge londonienne des deux cochons sauvages :

> Presque chaque nuit, aussitôt endormi, le pauvre frère se levait, la bouche pourrie, les yeux arrachés – tel qu'il se rêvait ! – et me tirait dans la salle en hurlant son songe de chagrin idiot.

De nouveau Verlaine décide de se sauver en Belgique où il espère que Mathilde cette fois le rejoindra. Pas à Namur, où elle n'est pas venue, mais à Bruxelles ! En mer, entre Londres et Anvers, il écrit à Rimbaud que si dans trois jours, Mathilde ne l'a pas rejoint à Bruxelles, il se « brûle la gueule ». Il ajoute : « Arthur, veux-tu que je t'embrasse en crevant ? » De son suicide, il est aussi question dans deux autres lettres, celles que Verlaine adresse l'une à sa mère, l'autre à la… mère d'Arthur.

Une balle dans le poignet gauche

Le 6 juillet 1873, de Roche, Mme Rimbaud expédie la réponse à « M. Paul Verlaine, hôtel Liégeois, rue du Progrès, Bruxelles ». Déroutante paysanne ardennaise, déroutante maman-fléau, capable d'écrire à Verlaine des mots d'une pareille dignité, d'une pareille grandeur d'âme, d'une pareille tendresse.

« Vous tuer, malheureux ! Se tuer quand on est accablé par le malheur est une lâcheté… Le monde méprise celui qui meurt ainsi… Monsieur, j'ignore quelles sont vos disgrâces avec Arthur, mais j'ai toujours prévu que le dénouement de votre liaison ne devrait pas être heureux… Faites comme moi, cher Monsieur : soyez fort et courageux contre toutes les afflictions ; luttez, luttez sans relâche… et vous verrez que le malheur se lassera de vous poursuivre… Il faut aussi travailler beaucoup, donner un but à votre vie… Ne désespérez jamais de Dieu !… Je vous serre la main, et ne vous dis pas adieu, j'espère bien vous voir un jour. »

Quand cette superbe lettre arrive à l'hôtel Liégeois, à Bruxelles, Verlaine vient d'y accueillir sa mère. Et Rimbaud qu'il a alerté, à Londres, par télégramme ! Paul révèle à Arthur que Mathilde n'étant pas venue à Bruxelles, il va aller la retrouver à Paris. Pour lui jurer qu'il veut vivre avec elle. En cas de refus, il se fera instantanément sauter la cervelle. Pour preuve, le revolver qu'il va acheter à Bruxelles. Un mot met le feu aux poudres: «Paris»! Rimbaud déclare qu'il s'y rend. «Non!» hurle Verlaine. Paul craint-il qu'en le suivant dans la capitale, Arthur l'empêche de renouer avec Mathilde? Est-il au contraire terrorisé à l'idée qu'Arthur l'abandonne? Infernal affrontement dans la bauge où Verlaine, ivre mort, divague, délire et dégueule. Les deux poètes s'empoignent. Chapelet en main, la maman de Paul appelle le bon Dieu au secours. En vain. Le 11 juillet, dans la chambre d'hôtel, d'un coup de revolver, Verlaine blesse Rimbaud au poignet gauche. La mère du tireur accourt. Le sang gicle. Elle pare au plus pressé: garrot et bandage. Paul éclate en sanglots. Arthur grommelle. Le tumulte s'apaise. Les voisins et le taulier n'ont rien entendu. Paul et sa maman conduisent le blessé à l'hôpital Saint-Jean où ils déclarent que c'est arrivé accidentellement, alors qu'ils nettoyaient l'arme. Les médecins sont rassurants, mais il y a obligation à extraire la balle. L'opération est fixée au surlendemain. Rimbaud n'entend pas rester une nuit de plus à Bruxelles. Il décide de prendre le premier train pour Paris. Enchantée par sa décision, Mme Verlaine lui glisse dans la poche de quoi payer le voyage.

Ils s'en vont, à pied, tous les trois, vers la gare du Midi quand, soudain, place Rouppe, Paul brandit le revolver. Sa mère pousse un cri. Arthur se débine, déclare à un agent de police que l'homme au revolver veut le tuer. Écroué pour tentative d'assassinat, Verlaine subit un examen médical «aux fins de constater s'il porte des traces d'habitudes pédérastiques». Dans ses dépositions au juge d'instruction, Rimbaud persiste et signe: «M. Verlaine était dans un tel état d'ivresse qu'il n'avait point conscience de son action… que la cause de l'ivresse de M. Verlaine tenait simplement à l'idée de ses contrariétés avec Mme Verlaine, sa femme.» Quant aux «relations immorales», il ne veut pas se «donner la peine de démentir de pareilles calomnies».

Le 19 juillet, avant de quitter Bruxelles, Rimbaud rédige un acte de renonciation à toute poursuite contre Verlaine. Il débute sur ces mots: «Je soussigné, Arthur Rimbaud, dix-neuf ans, homme de lettres, demeurant ordinairement à Charleville (Ardennes, France), déclare… » Pourquoi se déclare-t-il « homme de lettres » ? Il atteste ainsi qu'il n'est pas un saltimbanque, qu'il a un métier, un rang dans la société, et que les relations qu'il entretient avec le poète Verlaine sont d'ordre purement littéraire.

Le bras gauche en bouillie, le cœur en charpie, la mauvaise conscience en bandoulière, il quitte Bruxelles pour se rendre, non pas à Paris, mais là où il demeure « ordinairement, à Charleville, Ardennes, France ». Une fois de plus, l'extraordinaire le ramène chez sa mère. C'est plus fort que lui. Il ne peut s'opposer à la fatalité et à la puissance de cette aimantation. Dans la troisième partie de l'ouvrage, nous le verrons débarquer dans la ferme familiale de Roche où il s'enfermera dans le grenier pour y écrire *Une Saison en enfer*, sa dernière œuvre.

CHAPITRE VII

Quand maman remue ciel et terre

En 1874, tandis que Verlaine, condamné à deux ans de prison, purge sa peine en Belgique, Rimbaud s'en retourne à Londres avec le poète Germain Nouveau qui bientôt l'y laisse seul. Accablé par la dépression, Arthur appelle sa mère au secours. Maman-maman n'hésite pas. Seul problème, Isabelle, la petite dernière. Elle n'a que quatorze ans. Pas question de la lancer dans une telle aventure ! Les religieuses du Saint-Sépulcre l'acceptent comme pensionnaire. Quant à Frédéric, le fils aîné, il est à l'armée où il a signé un engagement de quatre ans. À 6 heures du matin, le 5 juillet, Mme Rimbaud et sa fille Vitalie âgée de dix-sept ans prennent le train de la tendresse et de la folie. Interminables attentes à Valenciennes et à Lille. En pleine nuit, Calais ! La mer ! Elles l'entendent battre, geindre, souffler, ruminer. Du jamais entendu, du jamais vu, même dans les crépuscules de fin d'orage lorsque le vent, à Roche, flagelle les blés. Jeune fille modèle, Vitalie tient son journal. Tricoter des mots, surtout de joie, fortifie plus encore l'esprit que les travaux d'aiguille.

Qu'importent la naïveté du style et la candeur de certains propos ! Vitalie n'est pas Bécassine. Le récit du voyage en Angleterre témoigne que les Carolopolitains Rimbaud-Cuif sont de vrais paysans ardennais. Capables de se laisser émerveiller par

Charleville, 7, quai Rimbaud. Face au Vieux-Moulin, la maison familiale d'où s'évadait l'adolescent fugueur, amant de Verlaine.

l'extraordinaire, mais bientôt perdus dès lors qu'ils sont loin de leurs terres, de leur horizon familier. Et pas question, même à Londres, de gaspiller un sou ou de sauter une messe.

« 6 juillet. (...) Nous ascendons dans le bateau par une sorte d'échelle ; nous nous amusons à regarder les machines... Il est environ 2 heures et demie du matin, le jour commence à poindre... Jamais mes yeux ne rencontrèrent ce qu'ils considèrent à ce moment ; jamais spectacle ne s'était offert à ma vue : rien et tout dans cette immensité solennelle de la mer ; la mer que j'avais toujours vue en imagination n'était pas aussi belle que celle-ci...

« 8 juillet. Je jette en esprit un regard de tristesse sur Charleville, de regret sur Isabelle, ma sœur... On était à la prière du soir quand nous entrâmes à Saint-Paul..., hommes et femmes chantaient. Que j'ai aimé ces voix !... Comment, me disais-je, est-il possible que ces hommes qui ont tant de ferveur ne soient pas plutôt de la véritable église ; comme ils feraient de bons catholiques !

« 9 juillet. (...) Le lait n'est pas cher : 3 pence (30 cts env.) le litre... Je nourrissais dans mon esprit le désir de me régaler d'une glace ou de limonade. Arthur, si gentil ..., obtint qu'il fût exaucé. Une glace à la crème, que c'est bon !... Maman a demandé à voir les plus beaux magasins du quartier... À quoi bon s'emplir les yeux et la mémoire de toutes ces merveilles... si l'on n'achète rien ?

« 15 juillet. Assise sur un banc, je sommeille un peu... Il me semble être à Charleville, au square de la Gare. »

Au début d'août 1873, les deux Vitalie reviennent par Ostende, Namur et Givet. Le 29 décembre, grand Dieu, quelles étrennes ! Les deux fils retrouvent la maison de Charleville ! Arthur est arrivé à 9 heures du matin, Frédéric, lui, à 9 heures du soir... L'un revient de Londres, l'autre, du régiment. Le soir du 31 décembre, maman-maman fait des gaufres que la petite Vitalie barbouille avec du chocolat belge fondu. La cuisinière ronronne. Dans la rue, les fêtards se jettent des boules de neige. Bonne et heureuse année à tous ! Bonne santé surtout à Vitalie ! Depuis le retour d'Angleterre, son genou droit gonfle. Sans doute est-ce à Londres qu'elle a attrapé ce mal. Les grandes villes ne sont pas bonnes pour les campagnards de Charleville ou de Roche. Le 18 janvier, Arthur part pour Stuttgart étudier l'allemand. Sa mère lui paye le billet de train. Elle ignore qu'il va y retrouver Verlaine, sorti depuis peu de la prison de Mons. Le 18 avril, Vitalie note dans son journal : « Il y a cinq jours (...) Arthur a eu l'aimable gentillesse de m'envoyer un journal illustré (...) de médiocre grosseur, mais il est allemand. Heureusement qu'Isabelle trouvera à se le faire lire au Saint-Sépulcre. »

C'est alors que la buse, que Mme Rimbaud croyait disparue, la sale buse s'est mise à tourner au-dessus de la rue Saint-Barthélemy (aujourd'hui rue du Baron-Quinart). Pourquoi la rue Saint-Barthélemy ? Les Rimbaud viennent d'y emménager. Le quartier est moins humide que le quai de Meuse. Voilà qui aidera Vitalie à reprendre appétit et couleurs. Mme Rimbaud consulte les spécialistes de Charleville. Chacun diagnostique le pire : la tuberculose, la terreur du siècle. Elle s'est greffée sur une banale inflammation du genou. Une tumeur blanche. Elle ronge l'adolescente. Sa mère décide d'aller consulter une sommité parisienne. Comme pour le voyage à Londres, elle porte « sa belle robe en soie grise » et « la mante de Chantilly ». On les voit dans le train de Paris, sans doute en première classe, afin de soulager Vitalie. Le professeur parisien ne laissera à la maman que l'espérance du bon Dieu.

Charleville, port d'attache du « voyageur toqué »

Arthur, lui aussi, est malade. Un mal étrange qui le possède lui impose de marcher, marcher encore, marcher toujours. Jusqu'au bout des Ardennes, de la France, de l'Europe et du monde. Jusqu'au bout de lui-même. Au rythme d'un paysan de Roche qui sous l'orage presse le pas. Avec l'endurance, la hargne, la pugnacité, l'entêtement d'un Cuif. Marcher, marcher encore, marcher toujours pour atteindre un monde sans maman-fléau, un monde sans poète, un monde où il exercera un travail manuel, un qui rapporte des sous. Marcher de par le vaste monde, marcher encore, marcher toujours, franchir les monts et les montagnes, les mers et les océans pour écrabouiller sous les semelles ferrées tous les démons du passé : le départ du père, les vers latins, maman-muraille, le *Voyant*, Verlaine. Ne plus être rien d'autre que la mécanique de ses pas. S'abandonner à elle, corps et âme. Mal étrange. Mal incurable. Mal que Verlaine définit ainsi : un *voyageur toqué* !

Depuis Stuttgart, il a traversé à pied la Forêt-Noire, la Suisse, la Lombardie, la Toscane. Foudroyé par le soleil sur la route de Sienne, il est rapatrié par le consulat de France. À peine sorti de l'hôpital de Marseille, il veut aller se battre du côté des Carlistes dans la guerre civile qui déchire alors l'Espagne. Refusé par le bureau de recrutement, Rimbaud débarque le 6 octobre à son port d'attache carolopolitain. Il découvre l'état de santé de sa sœur. On le voit s'efforcer de la faire rire et rêver en lui contant ses aventures allemandes, helvétiques et italiennes. Épuisée par les veilles, la mère a dû apprécier de le voir soudain se consacrer aux études. Il veut devenir bachelier. Le 14 octobre, six jours avant ses vingt et un ans, il l'écrit à son ami Delahaye, alors professeur au collège de Rethel. Arthur évoque « les dernières grossièretés de Loyola ». Ce sont celles de Verlaine. Il continue à harceler Rimbaud. Pour Arthur, Verlaine est une affaire classée. « Ici, rien de rien », conclut Rimbaud dans sa lettre à Delahaye. Il « espère qu'à Rethel, ça ne schlingue pas la neige comme ici ». De la neige un 14 octobre ? *Le Courrier des Ardennes* l'aurait signalée. Charleville n'est pas sur la Léna. On comprend que Rimbaud tient à blanchir le fatal ennui carolopolitain et, surtout, le voile noir qui, inexorablement, enveloppe la famille. Alors, Arthur se claquemure dans sa chambre. Il la transforme en grotte de Romery. Il apprend le russe, l'arabe. Louis Pierquin se souvient de l'ermite de la rue Saint-Barthélemy : « Il s'enferme à plusieurs reprises dans une armoire… et y reste parfois vingt-quatre heures sans boire ni manger, absorbé dans son travail. »

Même s'il a décidé de ne plus jamais rien écrire en vers ou en prose, Arthur Rimbaud n'en reste pas moins hanté par la musique des mots. Il veut l'exorciser en jouant du piano. Dans l'immeuble des Rimbaud travaille un certain Louis Létrange. Mélomane, pianiste, organiste à l'église Saint-Rémi, il reçoit souvent la visite d'Arthur, à son domicile rue des Charrons. Arthur réclame un piano à sa mère. Elle a d'autres soucis, et quels soucis ! Alors, rapporte Louis Pierquin, « Rimbaud découpa en forme de clavier le bord de la table de la salle à manger sur lequel il fit semblant de s'exercer ». Ne galéjerait-il pas un peu, le brave Louis ? Si la mère finit par céder, c'est sans doute pour ne pas contrarier Vitalie. Dans son lit, tandis que les doigts de son frère courent sur le beau chemin de nacre, la petite sœur malade vocalise. Depuis des mois, Vitalie apprend le chant chez les religieuses du Saint-Sépulcre.

Les escales de la Saint-Sylvestre

Delahaye ! Arthur tombe dessus, par hasard, dans une rue de Charleville. Ernest a immortalisé la scène avec une caricature qu'il adresse, le finaud, à Verlaine. Dès leurs retrouvailles, Arthur et Ernest reprennent leurs escapades de collégiens. Une autre caricature de Delahaye les montre escaladant la montagne des interdits. Louis Pierquin est de la cordée. Au sommet, qu'est-ce qui les attend ? Un savon de la mère d'Arthur ? Un bon péquet, pardi ! Cette eau-de-vie *naturelle* du pays d'Ardenne. Quant à l'auberge en haute altitude, ce doit être celle du Chesneau.

Le 18 décembre, la buse emporte Vitalie et ses dix-huit ans. Arthur va déclarer son décès au bureau de l'état civil. Delahaye, ici, aurait pu changer de ton, tremper la plume dans l'encre noire :

« Cette secousse morale, plutôt, je crois, que des études acharnées et diverses, dut contribuer aux violents maux de tête qui lui surviennent à ce moment. Les attribuant à ses cheveux trop touffus, il y applique un remède singulier : se faire raser le crâne, je dis raser… au rasoir, ce que le perruquier ne consentit à faire qu'après mille étonnements et protestations. Et Rimbaud doit assister aux obsèques de sa sœur en montrant une tête blanche comme du parchemin neuf, de sorte que des assistants, placés un peu loin, disaient entre eux : “Le frère a déjà les cheveux d'un vieillard !…” »

À la bibliothèque de Charleville-Mézières, le fonds Rimbaud possède plusieurs cartes de deuil de Mme Rimbaud. Au revers de l'une d'elles, on trouve ces lignes de remerciements : « Je prie Mme Pètre de m'excuser si je ne lui rends pas la visite. Je ne me sens pas assez courageuse pour entrer dans une maison où tout me rappellerait le souvenir de Vitalie ; et puis je crains de rencontrer au rez-de-chaussée des gens qui m'ont fait hier du mal ainsi qu'à ma chère petite fille. »

Tout Mme Rimbaud est dans ces mots. Elle souffre, mais elle ne peut s'empêcher de ragoter. À Charleville, la paysanne de Roche fut sans cesse en bisbille avec ses voisins. C'est pour cette raison, Pierquin le confirme, qu'elle déménagea souvent.

Quelques heures après la mort de sa sœur, Rimbaud, la boule à zéro, s'enrôle dans l'armée coloniale néerlandaise. À peine débarqué à Batavia, en Indonésie, il s'engage comme mousse sur un voilier écossais, manque de périr dans une épouvantable tempête en doublant le cap de Bonne-Espérance. Il cingle vers l'Islande, échoue à Liverpool. De là, il gagne Le Havre, Paris et arrive à Charleville, évidemment un 31 décembre. Pas de gaufres, cette fois. La famille est en deuil de la petite Vitalie. Et puis, maman-muraille en a par-dessus la tête des folles aventures de son « camp volant » de fils. Qu'y faire, sinon marmonner des injures, marmotter des regrets, égrener un chapelet ? Au printemps, elle lui donne de quoi payer le train jusqu'à Vienne, où des malfrats le dévalisent. Expulsé d'Autriche, il s'en retourne à pied, évidemment à Charleville. Il y retrouve Delahaye. Ernest raconte :

« Les jeudis, je pouvais lui consacrer deux heures que l'on passait généralement au café de l'Univers… S'il pleuvait trop, l'on restait *en ville* et on allait voir les *dandies* au café de la Promenade. Il nous arriva d'y rencontrer d'anciens camarades… "Rimbaud !… Tiens !… Qu'est-ce que tu fais de bon ?…" Cette question posée dans l'ingénuité la plus absolue, notez bien. Lui, gentil, les invitait à s'asseoir auprès de nous, puis, pour satisfaire leur curiosité, prenait plaisir à s'attribuer les métiers les plus effroyablement abjects, et aussi des mœurs dont la description, qu'il circonstanciait férocement, eût dû faire tomber tous les feux du ciel sur les vitrages du café… »

Cette escale carolopolitaine dure à peine un mois. De mai à septembre 1877, le *voyageur toqué* traverse les Pays-Bas, s'engage comme interprète dans un cirque à Hambourg, échoue en Scandinavie d'où il vogue pour Marseille. Là, il embarque pour l'Égypte. Malade, il est hospitalisé dans un port italien d'où il repart, à pied, pour les Ardennes. Une fois encore, il arrive au domicile maternel à quelques heures de la Saint-Sylvestre. Les gaufres. Les fêtards dans la rue. Les silences de maman-muraille. Quand même, on parle d'argent, des résultats scolaires d'Isabelle, des vilaines gens de Charleville et de Roche, des voyages d'Arthur, alors âgé de vingt-trois ans. Échange de vœux et de menus présents, dont peut-être une babiole italienne pour Isabelle.

«*Le v'là d'jà r'voye*!» s'exclamerait un Ardennais de la forêt dans le patois de son pays. «Le voilà déjà reparti!» Le 17 novembre 1878, il écrit à ses «chers amis», autrement dit à sa famille: «J'arrive ce matin à Gênes et reçois vos lettres. Un passage pour l'Égypte se paie en or… Je pars lundi 19, à 9 heures du soir… Quant à la façon dont je suis arrivé ici, elle a été accidentée et rafraîchie de temps en temps par la saison. Sur la ligne droite des Ardennes en Suisse (…), il m'a fallu passer les Vosges à pied, aucune diligence ne pouvant plus circuler dans cinquante centimètres de neige… »

Suit le long et extraordinaire récit de son franchissement à pied du Saint-Gothard, en plein blizzard! «(…) Impossible de lever les yeux de l'embêtement blanc qu'on croit être le milieu du sentier, impossible de lever le nez à une bise aussi carabinante, les cils et les moustaches en stalactites, l'oreille déchirée, le cou gonflé! Sans les poteaux du télégraphe, on serait aussi embarrassé qu'un pierrot dans un four.»

Quand Mme Rimbaud et sa fille Isabelle lisent, effarées, le récit d'une pareille folie, une autre nouvelle vient non pas de les affoler, mais de les surprendre: la mort du capitaine Frédéric Rimbaud survenue à Dijon, le 17 novembre 1878, le jour même où son fils cadet arrivait à Gênes. Isabelle se rend aux obsèques. Mme Rimbaud ne fait pas paraître d'avis de décès dans *Le Courrier des Ardennes.* Ce serait insensé. Depuis le jour où son capitaine de mari l'a plaquée, elle s'est instituée «veuve» et signe «V. Rimbaud». La mort du capitaine lui permet de toucher une rente de l'armée qu'elle s'empresse de demander. Arthur apprend le décès de son père trois mois plus tard, à Chypre, dans la fournaise d'une carrière de pierres où il a trouvé un emploi. Mort, le père porté disparu depuis dix-huit ans? Plus vivant que jamais, il est, dans la lumière éblouissante de la carrière chypriote où sous les coups de masse et de pioche volent en éclats les souvenirs d'une trop brève enfance avec le père partagée.

Malade, Arthur quitte Chypre pour aller se refaire une santé dans les Ardennes.

«À Charleville, un jour de l'été 1879, témoigne Louis Pierquin, Ernest Millot m'invita à me rendre le soir dans un petit café de la place Ducale. "Rimbaud, me dit Millot, vient d'acheter un complet, en priant le tailleur d'envoyer la facture à sa mère. C'est qu'il va partir." (La veille d'un voyage, en effet, il agissait toujours de la même façon, sans mettre qui que ce soit dans la confidence.) Rimbaud arriva vers 8 heures… Pendant tout le reste de la soirée, il fut d'une gaieté inaccoutumée, débordante, et, à 11 heures, il nous quitta – pour toujours. Il ne revint à Charleville que douze ans après, dans un cercueil. »

Aux obsèques, uniquement deux dames en noir

Durant ces douze ans, en Arabie et en Abyssinie, Rimbaud sera négociant, explorateur, géographe. Atteint d'une tumeur cancéreuse au genou droit, il est rapatrié à Marseille au printemps de 1891. On l'ampute d'une jambe. En juillet, il vient à Roche. Nous l'y retrouverons dans la dernière partie de l'ouvrage. Le 23 août, Rimbaud retourne à l'hôpital de la Conception de Marseille. Il y meurt, à l'âge de trente-sept ans, le 10 novembre 1891. Durant son agonie, le poète avait confié à sa sœur Isabelle qu'il voulait être enterré à Aden, au bord de la mer. Alerté par télégramme du décès de son fils, Mme Rimbaud décide instantanément qu'il sera inhumé à Charleville, que personne ne devra être tenu au courant du jour et de l'heure des obsèques. Pas d'avis de décès dans le journal. Mme Rimbaud n'ignore pas qu'à Charleville et à Roche on continue à beaucoup jaser sur Arthur. Parce qu'il est poète ? Nul ne le sait alors dans les Ardennes et en France, sauf une poignée d'hurluberlus de la bande à Verlaine ! Pour les gens bien de Charleville – les seuls dont se soucie Mme Rimbaud –, Arthur est un voyou, une crapule, une canaille. On n'oubliera pas de sitôt les cheveux longs, les fugues au temps des uhlans et des communards et, surtout, les insultes proférées à l'adresse des prêtres. Le 13 novembre, à une heure tardive, le cercueil plombé est déposé à la morgue de Charleville. Le lendemain, à l'ouverture des bureaux, le commissaire de police en accuse réception.

« Ce même jour, témoigne Louis Pierquin, le 14 novembre, à 9 heures du matin, Mme Rimbaud et sa fille vinrent trouver l'abbé Gillet, curé de la paroisse… et lui commandèrent, pour 10 heures, un service de première classe. L'abbé Gillet leur fit remarquer qu'une heure était un délai bien court, qu'on n'improvisait pas une pareille

Au cimetière de Charleville, sur la pierre tombale des Rimbaud-Cuif, étrangement, la mère du poète a changé de prénom…

cérémonie et il ajouta qu'ayant été le professeur d'instruction religieuse de Rimbaud, il serait heureux de pouvoir convoquer aux obsèques quelques anciens amis et condisciples. Sur un ton revêche, Mme Rimbaud lui répondit : "N'insistez pas. C'est inutile..." »

La grand-messe est célébrée en l'église Saint-Rémi. Au premier rang, la mère et la sœur du défunt. Frédéric, le frère aîné, non prévenu, ne peut être présent. Sur les bancs, derrière la famille, personne, absolument personne : Mme Rimbaud a voulu qu'il en soit ainsi. Dans le cas contraire, y aurait-il eu beaucoup de monde ?

À l'orgue, première classe oblige, Louis Létrange. C'est lui qui a initié Rimbaud au piano. Dans son homélie, le père Gillet rappelle la brillante carrière de son élève, carrière de collégien s'entend. Il égrène les prix d'excellence, les prix au concours académique. Les cloches de première classe saluent le départ du cortège funèbre. Comme c'est jour de marché, le règlement municipal lui impose de longer les quais jusqu'après le Vieux-Moulin avant de rejoindre la rue de Flandre. Les passants se demandent bien quoi. Le grand tralala, cinq chantres, huit enfants de chœur, vingt orphelines pour deux dames en noir. Mme Rimbaud marche tête haute comme au temps où, avec ses deux fils et ses deux filles, elle processionnait dans les rues de Charleville. La fin du trajet est pentue. Le fouet du cocher à la cape noire effleure le cheval de noir drapé : une délicatesse de circonstance. Mme Rimbaud, comme toujours, tient les passants à distance. Elle tient aussi à se maintenir à la même distance du corbillard. Au fond, elle laboure, profond et droit.

« Maintenant, le voilà bien placé »

Six ans après la mort d'Arthur, Isabelle épouse Paterne Berrichon. Le couple s'installe à Paris. Mme Rimbaud décide alors de quitter Roche. Elle a soixante-douze ans. Elle se retire au 2 de la place Carnot (aujourd'hui place Churchill) à Charleville. Le 8 juin 1899, miracle, Arthur ressuscite ! Le lendemain, bouleversée, Mme Rimbaud l'écrit à sa fille :

« Je venais d'arriver à la messe, lorsque arrive près de moi quelqu'un à qui je ne faisais pas attention ; et je vois poser sous mes yeux contre le pilier une béquille, comme le pauvre Arthur en avait une. Je tourne ma tête et je reste anéantie ; c'était bien Arthur lui-même : même taille, même âge, même figure, peau blanche grisâtre, point de barbe, mais de petites moustaches ; et puis une jambe de moins ; et ce garçon me regardait avec une sympathie extraordinaire. Il ne m'a pas été possible, malgré tous mes efforts, de retenir mes larmes, larmes de douleur bien sûr, mais il y avait au fond quelque chose que je ne saurais expliquer. Je croyais bien que c'était mon fils bien-aimé qui était près de moi. Il y a plus encore : une dame, en très grande toilette, passe près de nous ; elle s'arrête et lui dit en souriant : "Viens donc près de moi, tu seras beaucoup mieux qu'ici." Il lui répond : "Je vous remercie, ma tante, je me trouve très bien ici, et je vous prie de m'y laisser." Cette dame a insisté ; il a préféré rester. Il était très pieux, et paraissait tout à fait au courant de toutes les parties de l'office. »

Le 1er janvier 1900 approche. Charleville, comme le monde entier, est en émoi. Pour célébrer leur triomphale entrée dans le XXe siècle, les Carolopolitains, à la fin de l'année 1899, inaugurent place Ducale la statue de Charles de Gonzague et leur tramway. En ce début de XXe siècle, pour les paysans de Roche et d'ailleurs, Charleville, c'est un petit Paris. Il y a de grands magasins, notamment la Belle Jardinière. La gare possède une verrière ; son square, un kiosque où un panneau métallique rappelle que durant les concerts il faut « observer le silence ». De la musique autrement plus légère, on en donne place Ducale, à la Taverne alsacienne. Quant aux Allées, elles sont devenues les Champs-Élysées de la ville. Les marronniers y possèdent une telle majesté que, chaque mois de mai depuis 1896, on célèbre leur fête. Mme Rimbaud, à son âge, se tient loin de toutes ces réjouissances. Ce n'est pas qu'elle soit inactive, en cette année 1900. Bien au contraire ! Elle s'est lancée dans des travaux considérables. Elle a décidé de remuer terre et ciel pour offrir aux Rimbaud-Cuif une ferme pour l'éternité. Pas question de faire la moindre concession aux principes paysans, même dans un cimetière ! Quand on a de la terre, on la garde. Il faudra donc exhumer les disparus, les transporter à la chapelle du cimetière, construire le caveau de famille et, seulement après, mettre chacune et chacun à la place qu'elle leur assignera. Elle se réservera la place centrale pour qu'ils soient tous bien autour d'elle, comme à la table de la ferme ou devant le feu à l'âtre des veillées. Au printemps de 1900, Mme Rimbaud, soixante-quinze ans, tient sa fille au courant de l'avancement des travaux :

« 20 mai 1900. Hier samedi, on a fait l'exhumation des cendres de ma pauvre Vitalie ; et comme j'avais expressément défendu que personne n'y touche, on m'a fait appeler à cinq heures du soir. Quand je suis arrivée, le cercueil était déjà ouvert. J'en ai retiré tous les os et toutes les chairs pourries… Cependant, il y avait encore des côtes qui tenaient ensemble par deux et trois et avaient tout à fait conservé la forme de la poitrine.

« 24 mai 1900. Hier à 5 heures du soir, on a exhumé le cercueil de mon pauvre Arthur ; ce cercueil est absolument intact… La belle croix dorée qui est dessus, on croirait qu'elle vient d'être faite ; et la plaque sur laquelle est marqué son nom, on croirait qu'elle vient d'être posée. Les ouvriers qui y travaillaient, et beaucoup de personnes qui viennent voir ce caveau, étaient stupéfaits de voir cette conservation extraordinaire. Maintenant le voilà bien placé ; il durera longtemps, à moins qu'il n'arrive quelque chose d'extraordinaire : Dieu est le Maître.

« 1er juin 1900. Avant de sceller la pierre d'entrée, qu'on appelle porte, et qui a cinquante centimètres carrés, juste pour passer le cercueil, j'ai voulu le visiter encore une fois, pour voir s'il ne restait rien à faire. Les ouvriers m'ont fait glisser tout doucement jusqu'au fond du caveau ; les uns me tenaient par les épaules, et les autres par les pieds. Tout est bien. La sortie du caveau a été plus difficile, car il est très profond ; mais ces hommes sont très adroits, et m'en ont très bien tirée. »

Maman-tisonnier ! Même les cendres d'Arthur, il faut qu'elle les attise ! Quand va-t-elle se décider, enfin, à le laisser vivre sa mort comme il l'entend ?

DEUXIÈME PARTIE

Le bonheur des Ardennes belges

« Et vivent aussi, sinon les douanes, les douaniers, bons garçons au fond et presque aussi sympathiques que leurs partners *de la Contrebande. »*

PAUL VERLAINE

CHAPITRE I

Ma Bohème,
Fumay, Givet, Charleroi !

Le pays des Ardennais demeure une affaire singulièrement plurielle. En France, il s'agit d'abord du département des Ardennes, une entité administrative que le législateur révolutionnaire, en 1792, a faite de bric et de broc : une tranche de craie champenoise, une poignée d'argile de Thiérache et de gaize argonnaise, une pointe de schiste. Les Ardennes françaises rassemblent des paysages radicalement différents : au nord, un massif forestier, au sud, une morne plaine, au centre, une houle de crêtes et de collines. L'Ardenne, elle, est une et unique. Rude massif hercynien où la Meuse et ses affluents entaillent des méandres impossibles, l'Ardenne est forêt. Un océan de bois sauvages et de futaies apprivoisées. Soudain, sur les Hauts, là où schistes et quartzites courbent l'échine, voici fagnes et rièzes, les landes du plateau. Burinée par l'immensité des temps, balayée par les neiges et les pluies, ravie au moindre soleil, l'Ardenne s'enfonce à peine dans le territoire français. Elle n'y abandonne que le dixième de sa puissance. Autrement, l'Ardenne est belge, triomphalement belge. Pour le royaume de Belgique, l'Ardenne sera toujours une montagne, l'unique montagne, rêve du plat pays. En France, que sont les cinq cents mètres du plateau de la Croix-Scaille à côté du Mont-Blanc, du puy de Dôme, du Canigou ?

La Semois, en aval de Bouillon.
« La Rivière de Cassis roule ignorée / En des vaux étranges. »

L'Ardenne, elle aussi, est plurielle. La belge ! La française ! Un siècle après la mort de Rimbaud, la frontière demeure d'une importance considérable. Certes, de nos jours, les douaniers n'ont plus à lever des barrières. D'un côté comme de l'autre, les prix des denrées sont identiques. Il n'empêche que, dimanches et jours fériés, les Ardennais de France se précipitent dans les Ardennes belges. On dira, les paysages, la couleur du ciel et des toits ne changent pas. Qu'elle soit Semois, en Belgique, ou Semoy, en France, la *Rivière de Cassis,* chère à Rimbaud, coule dans les mêmes *vaux étranges*. Et la Meuse, à Revin (France) ou à Dinant (Belgique), s'offre la même trouée profonde et forestière. Alors ? La différence tient aux hommes, à leur vie, à leurs villages, à leurs villes. L'Ardenne de France a rempli ses vallées d'usines. L'Ardenne belge, elle, est tirée à cinq épingles. D'un côté, la métallurgie, les cités ouvrières, le tapage d'une civilisation du fer. De l'autre côté, les auberges, les hôtels d'une civilisation du loisir. Dès qu'ils franchissent la frontière, les Ardennais de France sont, tout simplement, en vacances.

Lorsque, en 1854, Arthur voit le jour, l'industrialisation des vallées de l'Ardenne française a déjà commencé. À la mort du poète, elles seront pleines de fonderies, de forges, de boulonneries. Quelle explosion industrielle et démographique ! De 1850 à 1890, la population de Nouzonville triple, celle de Vireux double.

Dans le train de la « Vallèye »

À l'époque de Rimbaud, l'Ardenne belge, elle, a conservé une économie forestière souvent misérable. Les villages s'y dépeuplent à une allure vertigineuse. Les paysans vont devenir ouvriers à la périphérie du massif. L'Ardenne belge est cernée par une ceinture de feu, feux des forges de la Meuse française, de la Sambre et de la Meuse liégeoise. Sa population y fond comme beurre de Roche au soleil d'Arabie.

Pour Arthur, enfant de Charleville, la forêt de la haute Ardenne et la Belgique ne furent longtemps qu'un rêve caressé par la Meuse au pied du mont Olympe. Les grands bois, les Quatre-Fils-Aymon, il ne les connaissait que par les livres d'images et les témoignages de ses camarades de classe, originaires de la *Vallèye* (c'est ainsi que les

Ardennais appellent la vallée de la Meuse, entre Charleville et Givet). En attendant le grand jour où, après avoir brisé la chaîne de la niche maternelle, il pourrait, enfin, découvrir les *vaux étranges* et acheter du tabac belge, il regardait les bateaux à l'attache sur le quai de Meuse, en aval du Vieux-Moulin. Partir. Partir, avec l'un d'eux. En 1862, miracle ! Le chemin de fer longe la Meuse au bas de la falaise d'Aiglemont. On dit qu'il va jusqu'à Vireux, qu'il passe sous la montagne des Quatre-Fils-Aymon. Arthur, alors, a huit ans. On les voit, lui et son frère, attachés à leur mère sur les berges de Montcy où caquettent les lavandières. Soudain, un grondement de tonnerre, un nuage de fond de vallée : « Regarde, Frédéric ! Le train de la *Vallèye* ! »

Le train ! Il le prendra pour la première fois de sa vie, à Charleville, le 29 août 1870. Seul. À quinze ans. Nous savons déjà que, ce jour-là, il fuyait les Prussiens et maman-fléau. Sauter dans le train de la *Vallèye* en pleine guerre, pour rejoindre la ligne de Paris, *via* Vireux et Charleroi ! Ce jour-là, il avait complètement perdu la tête. Il était fou. Non de joie. Fou tout court. Fou à lier. D'ailleurs, c'est au trou, à la maison d'arrêt de Mazas, que le voyageur sans billet avait recouvré ses esprits.

Six semaines après cette folie, le 7 octobre 1870, à dix jours de ses seize ans, Arthur saute de nouveau dans le train de la *Vallèye*. Attention ! Cette fois, il a du plomb dans la tête, et un billet en poche. Il s'agit bel et bien d'un voyage organisé. Le but est clair, précis, défini : atteindre la grande ville belge de Charleroi où habite son camarade de collège, Jules des Essarts. Pas très doué en classe, Jules, mais c'est un fils à papa. Son père possède le *Journal de Charleroi*. Il embauchera le copain français de son fils ! À bientôt seize ans, il est grand temps de gagner sa vie et de lui donner un sens. Par le train, de Charleville à Charleroi, un changement suffit, à Vireux. En six heures, le tour est joué. Arthur a peut-être de quoi acheter un aller Charleroi. Il a vendu exprès (au père Letellier, le libraire de sa maison natale ?) les livres de prix de sa glorieuse année de rhétorique. Le fils de la paysanne de Roche sait qu'il faut toujours garder une poire, même blette, pour la soif. À Charleroi, il devra tenir un mois avant de percevoir sa première pige de journaliste. Prudent et malin comme un Cuif, Arthur décide qu'il descendra du train à Fumay. Là demeurent deux pensionnaires de sa classe. Deux Léon. Le Léon Henry, fils d'un manitou des ardoisières, et le Léon Billuart, dont les parents tiennent un café. Henry n'a pas pardonné à Rimbaud de lui avoir raflé le premier prix de vers latins au concours académique. Pas question de compter sur lui ! En revanche, Billuart, lui, c'est comme un frère. Le bon Léon de Fumay ! Pas fortiche en classe, certes, mais qu'importe, en la matière ! Il l'accueillera à bras ouverts : un repas et une nuitée à l'œil ! À Vireux, avant de prendre le train pour Charleroi, il se restaure chez un autre camarade de classe, l'Arthur Binard. Un élève plus qu'honorable, l'Arthur de Vireux ! Accessit en discours latin, en discours français, en vers latins.

Le train du bonheur se met en marche. Déjà Charleville dévorée par la locomotive. Déjà Montcy et ses lavandières. À folle allure, au moins vingt-cinq kilomètres à l'heure, au bas de la falaise d'Aiglemont, le train s'engouffre dans la *Vallèye*. À cet instant précis, la joie de Rimbaud est celle que connaîtra le héros du roman de Julien Gracq, lorsque, à l'automne de 1939, il s'en ira faire une drôle de guerre dans *Un Balcon en forêt* : « Depuis que son train avait passé les faubourgs et les fumées de Charleville, il semblait à l'aspirant Grange que la laideur du monde se dissipait… » La forêt, l'immense forêt dans les premiers feux de l'automne. Nouzon ! D'autres feux, gigantesques : les forges de Gustave Thomé et d'Auguste Génot. Vulcain dans un gouffre forestier. Infernal tapage que le fleuve engloutit dans la conque de Joigny-sur-Meuse – *D'Jogny*, comme disent les Ardennais de la *Vallèye*. L'étrave du rocher des Grands-Ducs : la Meuse, le train, Arthur se font tout petits devant ce fier cuirassier d'Ardenne. Levrézy ! Sur l'autre rive, Braux, son minuscule clocher et ses immenses usines.

Pourquoi l'Ardenne s'acharne-t-elle à écraser sous les marteaux-pilons les hommes, les femmes, les enfants de douze ans et les couleurs de sa forêt déjà en fête ? À la fenêtre penché, la bouille bombardée d'escarbilles, Arthur découvre les Quatre-Fils-Aymon. Ces rochers sont encore plus beaux que les preux chevaliers de la légende. La nuit, d'un coup. Un tunnel. Le train gronde sous les Quatre-Fils-Aymon. Dès que le jour s'allume, il s'arrête. « Château-Regnault-Monthermé ! Cinq minutes d'arrêt ! » Il ment, le chef de gare. Ici, c'est Château-Regnault, point final. Monthermé n'a pas voulu du chemin de fer dans son prodigieux méandre : pareil monstre aurait fait tourner le lait des vaches et des nourrices, provoqué l'explosion des ardoisières et de la Longue-Roche. Deville ! Une autre trouée héroïque de la Meuse. D'autres cheminées d'usines. Des terrils ardoisiers. Laifour et ses Dames de Meuse. Arthur a lu leur triste histoire dans un livre d'images. En l'an 1080, Berthe, Hodièrne, Ige étaient trois dames débordantes de jeunesse et de jolis atours. Leurs maris partis en croisade avec Godefroi de Bouillon, elles se sont laissé courtiser par trois forgerons de la seigneurie d'Hierges. Pour un homme de l'enclume, qu'est-ce qu'une ceinture de chasteté ? Dieu qui voit tout, a pétrifié les trois pécheresses à Laifour. Sans doute est-ce le diable qui, à son tour, a puni le bon Dieu et vengé Berthe, Hodièrne et Ige. Elles sont plus belles que jamais dans leur robe de lumière, une lumière unique en Ardenne.

Après le pont d'Anchamps et un ample méandre, voici Revin, écrasé par l'échine du Malgrétout. Pourquoi faut-il qu'ici encore les hommes ferraillent dans les gueules des fonderies ? Des hommes, des femmes, hagards, épuisés, qu'Arthur voit passer le long de la voie, tandis que le train s'ébranle.

> Tu fermeras l'œil, pour ne point voir, par la glace,
> Grimacer les ombres des soirs,
> Ces monstruosités hargneuses, populace
> De démons noirs et de loups noirs.

Ces vers constituent le second couplet de *Rêvé pour l'hiver*, un poème écrit « en wagon, le 7 octobre 1870 ». Entre un méandre et une fonderie de la *Vallèye*, notre voyageur s'imagine dans le même train, en hiver, avec Elle. Elle est tellement amoureuse de lui qu'Arthur, avec sa pige de journaliste belge, lui a offert un voyage en première classe :

> L'hiver, nous irons dans un petit wagon rose
> Avec des coussins bleus…

Fumay ! Il descend du wagon de troisième classe. Impressionné par le trafic du port, Arthur constate que la fière église de la capitale de l'ardoise ressemble un peu à la basilique de Mézières. Quant aux quais de Meuse, avec leurs élégantes maisons espagnoles du XVIIIe siècle, ils sont autrement plus gais que ceux de sa ville natale. Rue de l'Hobette, Léon Billuart accueille son grand copain à bras ouverts. Ses parents, cafetiers et quelque peu aubergistes, ne sont pas à un repas près. Ils l'hébergent. Toute la nuit, le collégien en vacances et le collégien déserteur ont dû s'en raconter des choses.

En route pour Vireux ! La maman de Léon Billuart a déposé un trésor dans les mains d'Arthur : une plaque de chocolat. Les yeux de Rimbaud, plus bleus que jamais. À côté, les toits d'ardoise paraissent tristounets. *Ma bohème* ! Quel bonheur d'être libre, enfin !

> Mon unique culotte avait un large trou.
> – Petit Poucet rêveur, j'égrenais dans ma course
> Des rimes…

Le clocher d'Haybes et la Roche-à-Fépin le regardent cheminer vers Vireux, parmi les bruyères en fleur. Vireux, déjà ! Vireux plus terrifiant encore que Revin. Vireux et ses titanesques usines fondées par des maîtres de forges de Marchienne-le-Pont et de Charleroi. Ce sont eux qui ont voulu cette voie ferrée pour transborder des tonnes de houille entre la Sambre et la Meuse. Arthur frappe au domicile des parents de son copain Arthur Binard. « Rimbaud ! Qu'est-ce que tu fous là ? » Les deux Arthur sautent de joie. Sans doute un repas à la table de famille ou un casse-croûte pour la route. Peut-être les deux, plus quelques sous.

Le Petit Poucet en « chariot-stop »

En quittant les Binard, Rimbaud n'a plus qu'à se rendre à la gare de Vireux, où le train est direct pour Charleroi. Arthur ne le prend pas. Il file, à pied, vers Givet. Pourquoi ce long détour ? Espère-t-il recevoir une bonne poignée de sous d'un garde mobile de Givet ? Qu'est-ce encore que cette histoire ? Lors de son étape à Fumay, Léon Billuart lui a parlé de son cousin, sergent de la place forte givetoise. Arthur veut-il simplement voir du pays et saluer, en passant, un autre de ses copains de collège, Félix Godefroy ? Quatrième accessit au concours académique de vers latins, Félix habite Landrichamps, un minuscule village tapi dans la vallée de la Houille à trois lieues de Givet. Billuart à Fumay, Binard à Vireux, Godefroy à Landrichamps, des Essarts à Charleroi : le vrai régiment de Meuse et Sambre !

Dans la Pointe de Givet, notre *Petit Poucet,* pas si *rêveur* qu'il le prétend, inaugure la pratique du « chariot-stop ». Bientôt, elle lui permettra de vagabonder à travers l'Europe. Ernest Delahaye la décrit : « Il savait comment on peut ménager ses forces, à condition de ne laisser perdre aucune des petites utilités fortuites présentées par la vie de grand-route. Par exemple, cette carriole qui passe, eh bien ! puisque le conducteur a une bonne tête, qu'il s'ennuie et ne demande qu'à causer… C'était autant de gagné pour le marcheur. »

Voici Arthur à califourchon sur un cheval ou assis au bout du chariot, jambes ballantes. À sa droite, la vallée où la Meuse reprend souffle avant le profond méandre de Chooz. Le charretier lui parle la langue savoureuse et rocailleuse des Ardennais du massif. Les *r* roulent comme un éboulis de schiste. Les *é* ont la longueur et la langueur des fougères aigle au vent d'automne. On ne dit pas la vallée, mais la *valléééye* ! Cet accent-là, Rimbaud le possède. Il fera rire les Parisiens.

– *Coume na tu z'ais d'la ville ma gamin ! Ed'Charle ou d'Mézire ?* (Comme ça, tu es de la ville, mon gamin ! De Charleville ou de Mézières ?)

– De Charle…

– *Aco bon ! Ace qu'ou dit cillèye, à Mézi, les pauv'd'gens i z'en grilli coume des kertons ! Fumi d'Pruchens ! Cillé aussi i nou z'en ent fait woir. Ouais, va, nous n'en vu et nous n'en woirons co !* (Encore bon ! À ce qu'on dit, ici, à Mézières les pauvres gens ont grillé comme des tranches de lard ! Fumier de Prussiens ! Ici aussi, ils nous en ont fait voir. Oui, nous en avons vu et nous en verrons encore !)

Givet, c'est Mézières. En pis. Surtout en rive gauche, sous la terrifiante forteresse de Charlemont. Ici, dans le Grand-Givet, dit encore *Givet de ça*, habite le cousin de Billuart. Arthur erre dans les rues étroites qu'étranglent les cinq bastions de Charles Quint, fortifiés par Vauban. Voici la Grande Caserne. Arthur s'explique. Regard torve du planton. Le Petit Poucet sort alors un laissez-passer de sous le paletot. C'est le mot de recommandation écrit par Billuart. Pas de chance : le cousin est de garde pour la nuit. Qu'à cela ne tienne ! Arthur s'installe dans sa chambrée. Il y dort. Le lendemain, avant de partir, il exhibe la lettre de Billuart sur la cheminée.

« La Maline » de la Maison-Verte

Arthur se dirige vers Charleroi. À pied jusqu'à Vireux, puis par le train, comme le pense le scénariste belge Michel Carly ? Et si Rimbaud était venu exprès à Givet, afin de demander au cousin de Billuart de l'aider à passer la frontière ? Il n'a pas encore seize ans. Il est sans papiers. Dans ces conditions, les douaniers, dans le train, l'auraient interpellé. C'est pourquoi il est vraisemblable qu'à Givet, Arthur soit parti à pied vers Charleroi. La frontière ? Arthur, instinctivement – il n'est pas Ardennais pour rien –, la franchit, sous les buissons d'épines.

À trois lieues de Givet, Arthur, depuis longtemps en Belgique, n'est déjà plus dans l'Ardenne du massif. Adieu les méandres diaboliques ! La douce dépression famennienne l'accueille. Vallonnement d'herbages dont l'automne commence à roussir les haies. Ici et là, radeaux à la dérive, la forêt en flaques où octobre allume ses feux. Campagne mouvante comme l'océan. Campagne qui berce le Petit Poucet comme une grand-mère son petit-fils.

Arthur saute dans le chariot d'un brave paysan belge. Il lui raconte son aventure. Il en rajoute. Il lui affirme qu'il dort dans les fossés.

– *Mes étoiles au ciel avaient un doux froufrou.*

– *D'j'vois mon fi ! T'es bin comme tous les Franchais !* Tu sais tirer ton plan !

Il franchit l'Hermeton. L'horizon se fait âpre. Les lourdes fermes et le Petit Poucet font le gros dos au vent d'ouest. Arthur tangue sur la fagne de Philippeville. Parmi les ajoncs et les bruyères en fleur beuglent des bœufs énormes. Prairies spongieuses. À quelques lieues de là, vers l'occident, on les appelle des rièzes. Après Franchimont et Vodecée, Philippeville ! Une étoile de terre. Fossés et bastions où le vent s'engouffre. Fatale tristesse de toute place forte. Mézières sans Charleville. Un autre Rocroy. Philippeville fut française de Louis XIV à Louis XVIII. Arthur l'a appris en classe.

Sur le plateau des Ardennes belges, « j'allais sous le ciel, Muse ! » (*Ma Bohème*).

Le collège, Charleville, la mère, comme c'est loin ! Pas tant qu'il ne le croit. S'il savait que maman-gendarme vient de lancer à ses trousses son professeur de rhétorique, le pauvre Izambard ! Dès qu'elle a été certaine de la nouvelle fugue de son fils, instinctivement, la maman paysanne a pensé à Billuart. Arthur, un jour, a dit deux mots de lui. Deux mots, pour une Cuif, c'est un dictionnaire. Izambard à la poursuite du fuyard ! Il ramasse un caillou à Fumay, un autre à Vireux. Où est passé le Petit Poucet ? Pour Rimbaud, le bassin houiller de la Sambre s'annonce par un éclat de rire : le faubourg de Couillet ! En plein jour, c'est la nuit, la nuit noire de Charleroi. La métropole du Pays Noir compte alors quelque deux cent cinquante mille âmes. Dumont-Wilden, l'Ardouin Dumazet de Belgique, décrit la ville telle que Rimbaud la découvre : « Ce sont de longues rues, aux maisons basses, très noires, très tristes, où le moindre géranium aperçu derrière une fenêtre prend un air nostalgique et poignant. [Ici] les murs noirs de l'usine, les tours fantastiques du haut-fourneau ; et tout là-bas, dans la brume, les pyramides bizarres des terrils… »

L'explosion industrielle a fait sauter les remparts de la ville haute. Arthur descend dans la ville basse, là où se trouve ce que les Belges appellent « la station », c'est-à-dire la gare.

> Depuis huit jours, j'avais déchiré mes bottines
> Aux cailloux des chemins. J'entrais à Charleroi
> – Au Cabaret-Vert : je demandai des tartines.

Huit jours pour cheminer entre Fumay et Charleroi ! Une semaine pour parcourir septante – ou soixante-dix – kilomètres ! Il est vrai que, chez un poète, la marche est doublement une question de pieds. Le huit s'articule mieux au vers que le cinq ou le quatre. Des ombres demeurent sur ce vagabondage d'Arthur. Dès son arrivée à Charleroi, il écrit à son copain de Fumay, le cher Billuart : « J'ai soupé en humant l'odeur des soupiraux d'où s'exhalaient les fumets des viandes et des volailles rôties des bonnes cuisines bourgeoises de Charleroi, puis en allant grignoter au clair de lune une tablette de chocolat fumacien… »

Cette lettre est datée du 8 octobre 1870. Si Rimbaud a quitté Charleville la veille, voilà qui exclut la halte à Givet. À quoi bon s'échiner à tenter de retrouver les cailloux que notre *Petit Poucet rêveur* a oublié de semer entre Fumay et Charleroi ? L'important, c'est La Maison-Verte, qu'Arthur habille d'un nom plus conforme à la réalité du lieu : Au Cabaret-Vert ! Située près de la gare de Charleroi, La Maison-Verte est un hôtel tenu par Bibi Maton, personnage haut en couleur auquel il ne ferait pas bon de dire que son établissement est un boui-boui. La Maison-Verte propose des chambres et un service de restauration assuré par des dames aguichantes et volontiers plantureuses.

Installé à table, Arthur attend le jambon et la bière qu'il a commandés. Selon l'écrivain belge Robert Carly, c'est Mia la Flamande qui l'a servi.

Bienheureux, j'allongeai les jambes sous la table
Verte : je contemplai les sujets très naïfs
De la tapisserie. – Et ce fut adorable,
Quand la fille aux tétons énormes, aux yeux vifs,

– Celle-là, ce n'est pas un baiser qui l'épeure : –
Rieuse, m'apporta des tartines de beurre,
Du jambon tiède, dans un plat colorié,

Du jambon rose et blanc parfumé d'une gousse
D'ail, – et m'emplit la chope immense, avec sa mousse
Que dorait un rayon de soleil arriéré.

Bienheureux Arthur, livré corps et âme au bonheur du jambon des Ardennes et de la bière belge ! Au bonheur d'être pour la première fois assis à une table de restaurant. Au bonheur de la vraie vie, sans maman-muraille, sans interdit. *Bienheureux* Arthur ! À seize ans, d'un coup, le voici devenu homme, homme libre, aventurier, marin, corsaire dans ce Cabaret-Vert dont les filles sont dignes des bouges d'Amsterdam, de Hambourg, de Marseille, de Batavia.

Arthur monte se coucher dans la chambre numéro 9. Il ignore ce que l'historien belge Émile Lempereur découvrira un siècle plus tard : « La 9 était la chambre du malheur. Trois suicides y eurent lieu, dont celui d'une jeune fille de famille bourgeoise. »

Allongé tout habillé sur le lit, Arthur ne trouve pas le sommeil, tourneboulé qu'il est par le souvenir tout chaud d'une servante. Pas

« la fille aux tétons énormes » qui lui a servi le jambon et la bière. Une autre ! Une qui s'affairait aux autres tables. Une dont l'entrée dans la salle de restaurant fut pour Arthur une apparition miraculeuse. *La Maline* !

> Elle arrangeait les plats, près de moi, pour m'aiser ;
> Puis, comme ça – bien sûr, pour avoir un baiser –
> Tout bas : « Sens donc, j'ai pris *une* froid sur la joue... »

Le lendemain matin, Arthur se rend chez son copain Jules au *Journal de Charleroi*, rue du Collège. Sénateur et propriétaire du quotidien, Xavier des Essarts, le papa de Jules, est un aristocrate hautain. Il a épousé Laura de Vrabely y Rosahazy, fille du grand maître des Postes de Hongrie. Ce haut lignage ne l'empêche pas de se dire « libéral progressiste ». C'est pour cette première raison qu'il invite Arthur à dîner. L'autre étant qu'il veut découvrir le génial élève du collège où son fils ne brille guère. Quant à l'opportunité de l'embauche, on en discutera à table. Dîner de famille. Repas d'affaires. Les éclats du poète manquent d'ébrécher les porcelaines, de blesser à mort le majordome, de cribler les toiles de maîtres. Il insulte les bourgeois. Il traîne Napoléon III dans la boue. L'écrivain belge Robert Goffin a rencontré Marius des Essarts, le petit-fils du sénateur. Marius assistait au mémorable dîner. Robert Goffin témoigne : « Son grand-père prit d'abord patience et se tut aux observations révolutionnaires et aux gros mots d'Arthur, mais après le premier repas où la petite sœur Léonie baissait la tête, le chef de famille eut vite fait de mettre les choses au point : il pria Rimbaud de chercher ailleurs et surtout de ne plus correspondre avec Jules qui n'avait pas besoin de camarades aussi sauvages que lui. »

Remords de libéral progressiste ou geste de grand seigneur ? M. le sénateur glisse dans la main du voyou de quoi payer son retour par le chemin de fer. Arthur a-t-il profité de l'aubaine pour aller retrouver la fille aux tétons énormes du Cabaret-Vert ?

À peine Rimbaud a-t-il quitté Charleroi que le professeur de rhétorique d'Arthur et de Jules se présente au domicile de Xavier des Essarts. Seulement le surlendemain qu'à Bruxelles, rue Fossé-aux-Loups, Georges Izambard finira par mettre la main au collet du bohémien.

CHAPITRE II

La tétée de Gespunsart pour le contrebandier de Pussemange

Pussemange ! Situé à quinze kilomètres de la capitale des Ardennes françaises, ce petit village au nom fabuleux lui ouvre tout grand le bonheur des Ardennes belges. On y boit de la bière de l'abbaye d'Orval ou de Chimay. On y fume des cigares de la Semois. On y achète une plaque de chocolat Côte-d'Or. Ensuite, on s'en va flâner du côté de Membre ou de Vresse, du côté de Corbion, d'Alle ou de Bouillon. Ou bien l'on s'en retourne directement chez soi, ravi d'avoir passé ne serait-ce qu'une heure de vraies vacances.

De nos jours, en auto, Pussemange est à moins de vingt minutes du chef-lieu des Ardennes françaises. À l'époque de Rimbaud, c'est à pied que la plupart des Macériens et des Carolopolitains s'en allaient, à Pussemange, faire le plein de tabac et de café vert. Les douaniers – on disait les gabelous – ne montaient pas seulement la garde au poste frontière. Ils rôdaient, de jour comme de nuit, parmi sentes et taillis. Après Aiglemont et Cons-la-Grandville, dans le sauvage massif forestier de Gespunsart, commençait la grande aventure. Chaque fougère, chaque rocher pouvait cacher un gabelou. Tapi au fond d'une clairière où chuinte la Goutelle et où sourd la haute Vrigne, le village de Gespunsart – on prononce Gesponsart – occupait alors une position stratégique dans la guerre du tabac et du café vert. Son terroir touche aux communes belges de

À trente mètres de la frontière, côté belge, au fond des bois de Sugny, la Baraque de la Gigue accueillait à bras ouverts les contrebandiers – dont Rimbaud et son ami Delahaye.

Bagimont et de Pussemange. La barrière de la douane se trouvait dans Gespunsart. Dès lors, le hameau de Rogissart jouissait d'une situation exceptionnelle. Il était français, mais se situait entre les postes de douane de Gespunsart et de Pussemange. On devine tout ce qui passait et tout ce qui se passait dans la vingtaine de lourdes masures de ce hameau. Les nuits sans lune, Rogissart accueillait les chiens matelassés de tabac que les fraudeurs avaient mis à la charge chez leurs complices belges de Bagimont, Sugny, Membre, Vresse, Bohan. Jamais Pussemange ! Trop proche. Trop surveillée. Pour intercepter les contrebandiers à quatre pattes, les gabelous étaient dotés de molosses. Lorsque le pauvre toutou, alourdi par la charge, tombait sous leurs crocs, il était dévoré vivant. Après quoi, tranquille comme Baptiste, le gabelou coupait une patte du fraudeur. Sur le bureau du chef, elle était échangée contre une prime.

Maudits gabelous !

Comme chaque village belge de la frontière, Pussemange possédait des « Baraques ». À la fois ferme, magasin, auberge, guinguette, la Baraque, encore appelée Maison frontalière, proposait aux Ardennais de France des omelettes au jambon, des pintes de bière, du tabac, du café, du chocolat, et parfois un petit bal champêtre. Pussemange comptait alors quatre Baraques, celles de la Bellevue, de Rolin-Gillet, du Guilleret et du Petit-Foucart. Rimbaud les a évidemment fréquentées. Il habitait Charleville. Nous l'avons vu fumer la pipe dans Mézières assiégée. Le témoignage d'Ernest Delahaye ne fait que lever la barrière sur le chemin de l'évidence :

« Que l'on gagnât Pussemange par la Grandville, ou que l'on grimpât aux Baraques par Saint-Laurent et Gernelle, les quelques lieues qui distancent la frontière belge n'étaient qu'un jeu pour nos pattes juvéniles. Je me souviens d'un après-midi, très chaud, où nous vîmes au coin d'un bois, en face de Rogissart, une luisante et charmante vipère... À l'instant même, d'un coup de talon, [Rimbaud] lui trancha la tête... L'on ne pénétrait pas en Belgique sans être administrativement désinfecté. C'était à cause de la peste bovine, autre cadeau fait aux Ardennes par la guerre. Les soldats gris et jaune du roi Léopold, en vue d'empêcher l'importation par les bipèdes français d'une maladie aussi embêtante, les enfermaient, trois minutes environ, dans une maisonnette en bois où se consumaient des produits chimiques d'une extraordinaire puanteur. On sortait de là suffoqués, mais alors incapables de communiquer, même à des puces, la moindre épizootie. Résultat merveilleux dont nous étions très fiers en entrant chez l'aubergiste ou l'épicier de Pussemange, pour acquérir deux paquets de tabac dont l'enveloppe, joyeusement enluminée, portait cette inscription: "Manufactures de Thomas Philippe." Chacun de ces paquets pesait cent grammes, pour la somme de trois sous! Bon marché miraculeux, qui justifiait le voyage... On n'avait pas marché une demi-heure en suivant le sentier sous bois, que dans le fourré... un douanier paraissait devant nous, un autre accourait sur nos talons... On leur montrait ce que nous avions, c'est-à-dire deux paquets de "Philippe" déjà entamés. Dans ces conditions, rien à dire: nous n'étions pas en fraude... Malgré nos figures honnêtes, on était tout de même... palpés... »

En bon Ardennais, Rimbaud ne pouvait pas sentir les gabelous. Dans le poème *Les Douaniers*, notre contrebandier n'a oublié ni les fouilles de Gespunsart ni les coupeurs de pattes de Rogissart!

> Quand l'ombre bave aux bois comme un mufle de vache,
> Ils s'en vont, amenant leurs dogues à l'attache,
> Exercer nuitamment leurs terribles gaîtés!
> ...
> Quand sa sérénité s'approche des jeunesses,
> Le Douanier se tient aux appas contrôlés!
> Enfer aux Délinquants que sa paume a frôlés!

Arthur en nourrice chez les « clôteu » de Gespunsart

Lorsque, pipes aux dents, Arthur et Ernest s'en allaient à Pussemange, un martèlement continu et rageur rythmait leur traversée de Gespunsart. C'était celui des dizaines de cloutiers – les *clôteu* – qui frappaient l'enclume dans leurs fabuleuses « boutiques ». Paysans de la forêt et contrebandiers, ces artistes façonnaient à la main une multitude de clous de tailles et de formes différentes. Clou à brides, clou de voilier, clou guide de la brisse du pavillon de mât, clou maugère... Basse, noire de crasse et de fumée, la boutique était un minuscule atelier où s'agitaient le maître cloutier, ses aides, l'enclume appelée *clouyire*, la forge et le soufflet actionné par la roue à chien. Dans cette roue en bois cavalait un toutou pas si corniaud que cela. Les cloutiers l'appelaient «moteur à puces»! Un simple geste du maître, le chien sautait hors de la roue, et la relève s'y précipitait. Les cloutiers étaient honteusement exploités par les «facteurs» de Charleville. Les facteurs possédaient le fer et la houille. Ils passaient les commandes. Ils achetaient les clous pour trois fois rien et les revendaient à prix d'or.

Pour survivre, les *clôteu* de Gespunsart et des autres villages de l'Ardenne cultivaient les sols maigres de leur clairière. Ils braconnaient et fraudaient. Souvent, pour mettre un peu de lard dans la poêle, la femme du cloutier prenait en nourrice un bébé de Charleville. Il n'était pas question de cesser d'aider son homme à la forge. Entre deux tétées, elle portait le fer au rouge, maniait tiges et sacs. Elle donnait, si nécessaire, des coups de marteau sur la *clouyire*. Et le nourrisson, pendant ce temps-là? Fumé comme du jambon d'Ardenne, il ronflait sur le sol de terre battue, entre la forge et la roue à chien. C'est ce que vécut Rimbaud durant les premiers mois de son existence, dans la boutique de cloutier de Gespunsart où sa mère l'avait mis en nourrice. Les psychanalystes en concluront que, dans un tel antre, une fois tous les deux millénaires, l'étincelle du génie peut mettre le feu aux langes.

Comment Mme Rimbaud et son nouveau-né se rendirent-ils à Gespunsart, en octobre 1854? Sans doute dans le tilbury d'un facteur de clous de Charleville. Chez qui Arthur fut-il mis en nourrice? Chez l'Augustine Hureaux, rue de la Vierge? Chez la Marie-Joséphine Noël, rue de Pussemange? On l'ignore. Arthur le savait. Ce sont des choses que n'importe quelle mère aime conter à ses enfants. D'ailleurs, Isabelle, la sœur du poète, confiera à Paterne Berrichon la vive colère que Mme Rimbaud piqua chez la nourrice de Gespunsart. Arrivée à l'improviste dans l'antre du cloutier, elle constata que la layette qu'elle avait tricotée pour son petit Arthur habillait le propre bébé de la nourrice. Ce jour-là, l'enclume a dû trembler et le chien abandonner la roue! Dans ces conditions, lors de ses escapades en Belgique, Arthur a-t-il osé aller saluer sa nourrice? S'il l'a fait, gageons qu'elle lui a donné à téter une bonne goutte du pays!

Le tabac qu'Arthur achetait en Belgique était du « Semois ». Comme son orthographe l'indique, il provenait de la vallée belge de l'affluent de la Meuse. Sinon, on aurait écrit du « Semoy » ! À cette époque, la culture du tabac n'était encore qu'un appoint pour les paysans du val de Semois. Elle y prendra un essor considérable lorsque, en 1890, Joseph Pieret, le génial maître d'école d'Alle, osera commercialiser, hors de l'Ardenne, ce tabac fort et savoureux comme l'eau-de-vie de Gespunsart.

De Semois en Semoy

Delahaye rappelle qu'en « mainte excursion » Rimbaud « parcourut de Monthermé à Bouillon, les deux tiers de la Vallée de la Semoy ». En septembre, à Bohan comme à Vresse, à Alle comme à Poupehan, il a vu, tels les Chinois dans la rizière, les hommes trancher les plants de tabac avec le *copou*. Les femmes les accrochaient à des *boudriots* qu'elles suspendaient dans les séchoirs. En novembre, Rimbaud a vu les femmes effeuiller et botteler le tabac. C'était le *manoquage*. Les villages de la Semois, aujourd'hui superbement voués au tourisme, étaient alors des lieux où l'homme crevait de misère. Dumont-Wilden témoigne : « L'âpreté des côtes grises semées de sapins, les hameaux de chaumines misérables – où seul le grognement d'un porc, le filet de fumée entraîné en flocons par la bise rappellent la vie – ont des mélancolies si poignantes qu'elles arrêtent des heures durant les paroles dans la gorge. »

Vivre d'une vache, d'un cochon, de deux chèvres, de trois ares de seigle, d'un arpent de tabac, de quelque truite ou biche braconnées, c'était errer en permanence sur les lisières de la disette et de la mort. À l'époque de Rimbaud, les miséreux de la vallée de la Semois constituaient une main-d'œuvre de rêve pour les industriels de l'Ardenne française. On les payait moins que les ouvriers locaux. On les méprisait.

En aval de Bohan, en franchissant la frontière, la Semois devient la Semoy. Elle arrose alors des villages des Ardennes françaises où, parmi la multitude de boutiques de cloutiers, commençaient à se développer des entreprises métallurgiques. Aux Hautes-Rivières, à Sorendal, à Thilay, Arthur a vu les cheminées des boulonneries montrer du doigt le soleil de la prospérité industrielle. Cinquième accessit de version latine, Léon Poncelet, le camarade de collège de Rimbaud, habitait, en rive de Semoy, le charmant village de Nohan. À Fumay, chez Léon Billuart, à Vireux, chez Arthur Binard, à Charleroi, chez Jules des Essarts, on a vu combien Rimbaud cultivait l'esprit de camaraderie. Il est donc allé frapper à la porte de Léon Poncelet, dont les parents possédaient une petite brasserie. À Nohan, Arthur retrouvait l'univers de Gespunsart. Les paysans cloutiers contrebandiers. Le *herdier* aussi, ce gamin en haillons qui, dans les bois, menait le troupeau de cochons à la glandée.

Pour Rimbaud, qu'elle accueille la Semois ou la Semoy, cette vallée sauvage, gorgée de forêt et de brumes, sera toujours celle de la *Rivière de Cassis*. Même au fond des déserts brûlants d'Arabie, plus d'une fois il s'est revu, debout sur un radeau ivre, entre Vresse et Nohan.

> La Rivière de Cassis roule ignorée
> En des vaux étranges
> …
> Avec les grands mouvements des sapinaies
> Quand plusieurs vents plongent.
>
> Tout roule avec des mystères révoltants
> De campagnes d'anciens temps ;
> De donjons visités, de parcs importants :
> C'est en ces bords qu'on entend
> Les passions mortes des chevaliers errants (…)

Les *donjons*, c'est au château féodal de Bouillon-sur-Semois que Rimbaud les a *visités*. Avec un certain Paul Verlaine.

L'envoûtement féodal de Bouillon ou les heures radieuses de Paul et d'Arthur.

CHAPITRE III

Au pays de Verlaine

Arthur Rimbaud est Ardennais de France par sa mère. Paul Verlaine, lui, est Ardennais belge par son père Nicolas-Auguste, né à Bertrix en 1798.

> Au pays de mon père on voit des bois sans nombre
> Là des loups font parfois luire leurs yeux dans l'ombre
> Et la myrtille est noire au pied du chêne vert.

Dès sa petite enfance, Paul vit de merveilleuses vacances chez sa tante de Paliseul, Louise Grandjean. L'autre sœur de son père, sa tante Julie Évrard, habite, tout près, à Jéhonville. Situé sur les Hauts-de-Bouillon, à une quarantaine de kilomètres de Charleville et de Sedan, le pays des Verlaine domine les méandres de la Semois. Ici, la neige est plus tenace, la bise plus mordante, le soleil plus chaud que dans les fonds de Semois. Ici, l'obligation du plateau ouvre les hommes à l'évidence du ciel. Lourds nuages, blancs blizzards, tendres brumes, soleils gigantesques : un charroi grandiose. Jéhonville, Carlsbourg, Offagne, Bertrix, Paliseul. *Les villages de pierre ardoisière aux toits bleus* seront toujours le coin de paradis de Verlaine, une terre de ciel où, adulte, il reviendra abandonner au vent du plateau ses détresses et ses repentirs. En 1890, un an avant la mort d'Arthur, dans un sonnet dédié à Charles Vasseron, Paul passe aux aveux :

Dans nos savoureuses Ardennes
Où je fis le mal et le bien
Ici, mortifié, chrétien,
Là, perpétrant quelles fredaines !

J'ai par le cours aventureux
De mes mérites et… du reste,
Coulé, d'un flot léger et leste,
Quelques jours tout de même heureux.

« Dans nos savoureuses Ardennes », ses « fredaines », c'est avec Rimbaud que Verlaine les a commises. Encore faut-il se garder de les mettre toutes au compte d'Arthur. Ainsi, celle du 25 décembre 1871 ne peut incomber à Rimbaud. Ce jour-là, il se trouvait à Paris, alors que Paul ripaillait à Paliseul, chez Julie Pérot, l'épouse du bourgmestre. Julie était une amie plus qu'intime des Verlaine. Paul la considérait comme sa tante. En ce soir de Noël 1871, Verlaine a vingt-sept ans. Depuis deux mois, il est l'heureux papa de Georges. Ni le bébé ni Mathilde, l'épouse de Paul, ne festoient chez tante Julie. Le ménage bat fortement de l'aile. Mathilde en a assez des soûleries, des violences verbales et physiques de son mari. Et puis, qu'est-ce que Paul fabrique avec cette crapule de Charleville, un voyou de dix-sept ans débarqué chez eux, à Paris, alors qu'elle était grosse de sept mois ? Respectons la trêve des confiseurs. En ce jour de réveillon, à Paliseul, Paul arrose copieusement son retour au pays et les quatre sous de l'héritage de sa tante Louise Grandjean, celle qui fut châtelaine de Carlsbourg, bourgade belge proche de Bouillon. Paul est venu exprès de Paris pour toucher sa part chez le notaire de Bertrix. De Paliseul, en cette nuit doublement providentielle, Verlaine adresse une lettre pornographique à son beau-frère Charles de Sivry. Il y parle en long et surtout en large de l'énorme Bretagne, cet anarchiste de Charleville que nous avons rencontré dans la première partie de cet ouvrage. En pleine forme, en pleine nuit, Verlaine joint à la lettre une caricature du monstrueux – par son embonpoint – Bretagne. Sacré Bretagne ! Dire que sans lui Rimbaud n'aurait peut-être jamais rencontré Verlaine. C'eût été regrettable, surtout pour les Ardennes belges et leurs rivages. Nos deux poètes, on va le voir, les ont sillonnées en *perpétrant quelles fredaines…*

Le 8 juillet 1872, à Paris, Rimbaud et Verlaine prennent le train des Ardennes. Un train que l'écrivain belge Paul Humblet décrit de bien jolie manière : « Les locomotives à vapeur joufflues, surmontées d'énormes gibus et de cloches à fromages, traînaient des caisses de diligences montées sur deux essieux. » Sur le quai de la gare de Charleville, normalement, nos deux Ardennais devront se séparer. L'un courra embrasser maman. L'autre restera dans le train jusqu'à Sedan. Là, il prendra la malle-poste qui, par Givonne, Bazeilles, Bouillon, Sensenruth et Menuchenet, le conduira chez les tatas de Paliseul et de Jéhonville. C'est mal connaître nos deux moineaux. À peine débarqués à Charleville, ils filent chez leur ami Bretagne. On s'embrasse. On ripaille. On cause d'une affaire très, très sérieuse : Paul a la police à ses trousses. Quatorze mois après la semaine sanglante, elle continue de traquer les communards, et Verlaine fut de ces « canailles »-là !

– Filons en Belgique !

– En pleine nuit ? tonne Bretagne.

– Justement, gros con ! Et au plus court !

Le plus court, c'est par Gespunsart : quatre petites lieues. Peu après minuit, Bretagne et nos deux lascars s'en vont réveiller le père Jean, un loueur de voiture. Copain d'enfance d'Arthur, Louis Pierquin raconte la scène :

« Bretagne interpella le père Jean en ces termes : "Jean, mon frère, j'ai ici, avec moi, deux prêtres de mes amis qui ont besoin des offices. Lève-toi et attelle la bête de l'Apocalypse !" Pendant les préparatifs qui suivirent, Bretagne courut à sa chambre, en rapporta une guitare, une vieille montre en argent et une pièce de deux francs qu'il remit aux voyageurs. Ils arrivèrent à 3 heures du matin à Pussemange, premier village belge, à quinze kilomètres environ de Charleville. Ils avaient ainsi évité les gares de la frontière, Vireux ou Givet, et leurs douaniers indiscrets. »

Peu avant Gespunsart, en pleine nuit, en plein bois, les deux « camps volants » prennent les sentes des contrebandiers. Arthur les connaît sur le bout des pieds. Après la frontière, à Paul de jouer ! Corbion, Bouillon, Paliseul, il est dans ses terres. D'évidence, ils ne font pas halte dans la famille ardennaise de Verlaine. Les amoureux sont toujours seuls au monde. La Belgique sera leur paradis. La

Belgique et sa fatalité du bonheur. Paul, enfant, y a vécu des vacances merveilleuses. Arthur, adolescent, y a goûté aux délices de la contrebande et surtout de la liberté. Ah! sa campagne de Charleroi! Charleroi, le *Cabaret-Vert*, *La Maline*! « Allez, Paul on y va! » À pied, forcément, ils sont sans le sou ou presque. Avec la pièce de deux francs de Bretagne, ils vont vivre d'amour et de bière fraîche. Vivre, vivre enfin *Ma Bohème*, à deux!

L'Eau-d'heure!

Maudite Pointe de Givet! Il faut la contourner pour gagner Charleroi. Ils ont dû passer par le plateau de Gedinne. Ont-ils joué un air de guitare – la guitare de Bretagne! – à un misérable paysan de Nafraiture? Ont-ils couché sous la hutte d'un charbonnier à la sortie de Gedinne? Tandis que Paul grattait la guitare, Arthur a-t-il taillé un pipeau dans une branche de noisetier, près de Vencimont? Est-ce à Beauraing qu'ils ont négocié la vieille montre en argent du bon père Bretagne? De quoi s'offrir à Philippeville une belle tranche de vrai jambon d'Ardenne et un billet de train pour Charleroi. Pas question de ne pas s'arrêter à Walcourt! Ils ont tout leur temps. Ils veulent, ensemble, partager toutes les joies de l'existence. Le tourisme en est une. Walcourt et le jubé flamboyant de son église Saint-Materne! Walcourt et sa rivière au nom fabuleux, l'Eau-d'heure! Walcourt, que Verlaine entraîne dans un ravissant menuet:

> Briques et tuiles
> Ô les charmants
> Petits asiles
> Pour les amants!

Charleroi attend nos deux repris de justice. Comment, deux? Verlaine, d'accord! Mais l'autre, il n'a pas la police aux fesses! Arthur aurait dû se douter que, même en rasant les murs de sa ville natale, aller de la gare de Charleville jusqu'au domicile du père Bretagne ne pouvait échapper aux commères carolopolitaines. Elles se sont empressées de le rapporter à maman-fléau. Mme Rimbaud a filé déposer plainte au commissariat de Charleville qui a aussitôt alerté la police belge. À Charleroi, *La Maline* du *Cabaret-Vert*

Dans l'auberge belge de Sugny, l'ombre de Rimbaud et celle de Verlaine
sont fidèles au rendez-vous.

a-t-elle accueilli nos deux poètes à tétons ouverts ? Ont-ils couché – Arthur et Paul – dans la chambre qu'avait occupée l'Ardennais de France, lors de sa fugue solitaire ? C'était la numéro 9, celle des suicides. Charleroi la noire, Verlaine la met en musique. Le menuet de Walcourt fait place à une marche funèbre :

Plutôt des bouges
Que des maisons
Quels horizons
De forges rouges !

De Charleroi, nos deux Ardennais marchent vers Bruxelles. Pour eux, Waterloo n'est ni une défaite ni une morne plaine : c'est ça, le bonheur. Dans la capitale belge, ils descendent au Grand Hôtel liégois. Folles nuits ! S'ils savaient qu'à la suite de la plainte de Mme Rimbaud, les flics les cherchent à l'hôtel de la Province de Liège ! Nos deux bienheureux n'échappent pas à la catastrophe provoquée par ce sadomasochiste de Verlaine. Il a tout fait pour que sa femme le(s) rejoigne à Bruxelles ! Comme disent les Ardennais du massif : *le Paul i s'laicha bouffaye pas les remords coume d'chérougne pa mounins !* (Le Paul, il se laissait bouffer par les remords comme charogne par asticots !) Paul ne peut pas se passer d'Arthur. Paul aime Mathilde. Quelle nuit d'amour pour Paul et Mathilde dans le même hôtel bruxellois ! *Birds in the night* ! Infernal trio ! Du haut de ses dix-huit ans, Arthur enrage : Paul ose le tromper avec sa femme. Pis encore, il se laisse embarquer par la garce dans le train de Paris. Arthur saute dedans ! Pareille histoire ne peut s'achever qu'à coups de revolver. Ce sera pour plus tard à Bruxelles, dans un autre hôtel, proche de la Grand-Place. Pour le moment, le western se déroule dans le train de Paris. À la frontière, Paul a fait son choix. Il descend. Mathilde, elle, poursuit son voyage au bout de la nuit. Il reste à nos deux amants à rouler, puis à voguer vers l'Angleterre.

Ah ! Sugny, Bouillon !

À la fin de cette mémorable année, Arthur quitte Londres. Il s'en va, seul, rejoindre sa maman à Charleville. Il arrive juste pour le réveillon de la Saint-Sylvestre. Deux semaines plus tard, de

Londres, Verlaine l'appelle au secours : ou il le rejoint, ou il se flingue. Rimbaud file en Angleterre. Au printemps, la nouvelle lune de miel fond *coume souif su fu* (comme suif sur feu). Décidément, ce Verlaine, il a une poêle à frire à la place du cœur ! De nouveau, il se laisse dévorer par les *mounins* du remords ! De nouveau, il veut revoir sa femme ! Il lui écrit. Il fixe le lieu de rendez-vous. Ce sera Namur. Rimbaud voit revenir le coup de Bruxelles, gros comme une maison. Accompagner Verlaine à Namur ? Jamais de la vie ! Il reste à Londres, avant de partir, seul, pour ses Ardennes à lui, où il arrive, à Roche, le jour du vendredi saint. À Namur, Mathilde n'est pas venue. Elle non plus n'a pas oublié Bruxelles. Dieu soit loué, à Namur, Verlaine n'est pas seul. Triple providence, il y connaît trois hommes d'église, son cousin de Jéhonville, le chanoine Lambin, et deux bons amis qui furent prêtres à Paliseul, puis à Bouillon : Xavier et Jean-Baptiste Delogne. Six mains pieuses, ce n'est pas trop pour laver le linge sale en famille. Victime d'une « espèce d'attaque cérébrale », Verlaine ne recouvre ses esprits, son cousin, et ses deux amis curés qu'après moult tamponnements « d'eau sédative » et d'eau bénite. Sans le secours de ces trois prêtres du pays de son père, Verlaine, c'est sûr, se serait jeté à l'eau. Dans Namur, il avait le choix entre la Meuse et la Sambre.

Contrit, mais libéré de ses démons, Paul va purifier son âme dans le ciel du plateau de Paliseul. Julie Évrard, sa bonne tata de Jéhonville, l'accueille. L'apaisement de Verlaine y sera plus fugace encore que les fleurs des pommiers. Il s'ennuie à mourir. Il veut Arthur. Arthur est à Roche. Qu'est-ce qui les sépare ? Trois fois rien ! Un petit bout d'Ardenne belge et quelque quarante kilomètres dans les Ardennes françaises.

Très vite, Paul et Arthur se retrouvent dans leur terre du bonheur, à l'orée de la frontière, côté belge. Le village de Sugny et la bourgade de Bouillon, en ce printemps de 1873, les accueillent plusieurs fois. Situé sur le plateau belge, au-dessus de Gespunsart, Sugny, pour Arthur, est à trois petites heures de marche de Charleville. Il n'existait alors à Sugny qu'une seule véritable auberge, à l'entrée du village, à droite, en venant de Gespunsart. C'était la Maison frontalière du « Pré Pierret », tenue par Jurion et Bragard. Elle est devenue un restaurant. À l'époque, elle était isolée du reste du village. Aux beaux jours, on pouvait y manger l'omelette, y boire une bière sous le gros tilleul. Vaches, poules, douaniers, fraudeurs s'y rencontraient.

Dominée par le château féodal du conquérant de Jérusalem, Bouillon, au temps de Rimbaud et de Verlaine, n'était pas encore le paradis du tourisme qu'elle est devenue aujourd'hui. Les tanneries souillaient les berges de la Semois. La vieille ville était encore très médiévale. Paul Verlaine témoigne :

« Bouillon est horriblement pavée dans ses endroits pavés. On dirait, ma parole, des galets, bien qu'on soit ici à je ne sais combien de lieues de la mer. Petites maisons en pierres d'ardoise inégales couvertes d'ardoises aussi. »

Dans ce même récit, intitulé *Croquis de Belgique*, Verlaine ne manque pas de souligner que « Bouillon en entonnoir », c'est encore « la Semoy, noire sur son lit de cailloux bavards, ses truites qualifiables vraiment de surnaturelles et son *château*, son burg plutôt, taillé en plein granit parmi des bois sans fin ».

En 1873, Bouillon frémit toujours du récent et sanglant désastre de Sedan. Témoin de la débâcle, l'écrivain belge Camille Lemonnier a raconté le passage des vaincus dans sa ville. Avant de le lire, précisons que son jeu de mot n'a rien à voir avec l'humour noir. Il est à mettre au compte d'une intense émotion. « Nous gagnâmes la place, toute comble... de lanciers, de prisonniers... de porteurs de civière... Et la petite place avait l'air d'un cerveau bouillonnant, regardé par les maisons vertes d'humidité... Une de ces maisons, celle du coin, à la gauche du pont, l'hôtel de la Poste, garda toute une nuit, sur ses rideaux blancs, l'inquiétude et l'agitation d'une ombre, l'ombre du dernier Bonaparte. »

Sur le triste sort bouillonnais de Napoléon III, Verlaine, dans ses *Croquis de Belgique*, ajoute ceci : « L'hôtel de la Poste, tenu à l'époque par le père Cheydron (...), eut le destin de recevoir l'empereur Napoléon III, conduit prisonnier en Allemagne... "L'empereur, me confiait le brave aubergiste, (...) était pâle comme un mort. Il tint la tête de la table, découpa et servit en maître de maison et avec un parfait sang-froid, le tout en silence ; puis il monta directement se coucher." »

Les bourses d'Arthur et de Paul ne leur permettant pas de descendre à l'hôtel de la Poste, ils se rencontrent dans le confortable, mais plus modeste hôtel des Ardennes. Delahaye les y rejoint parfois. Le dimanche 18 mai, de Bouillon, Verlaine écrit à Rimbaud. Il est venu au rendez-vous, mais n'a trouvé personne. Visiblement, Paul a noyé son chagrin et sa plume dans un tonneau de bière. Bouillon devient «Boglione» et Delahaye, «Delamorue»! Le mot s'achève ainsi: «Je t'embrasse bien et compte sur une bien prochaine entrevue.»

Une journée à Liège

Le 24 mai, Rimbaud et Delahaye rejoignent Verlaine à Bouillon. Truites, pintes, péquets. Ce jour-là, Ernest repart seul pour les Ardennes françaises. Ses deux amis ont décidé de retrouver l'Angleterre *via* Liège et Anvers. De Bouillon, à pied et en «chariot-stop», par Bertrix et Recogne, ils gagnent Libramont. C'est ici qu'en 1870 Napoléon III a pris le train de l'exil. Le train du bonheur roule vers Anvers. Nos deux compères ont-ils égayé le wagon avec la guitare du père Bretagne? Ont-ils pris le temps d'admirer les pâquerettes de la douce Famenne et les genêts de la profonde vallée de l'Ourthe? Une seule chose est certaine: à la demande de Verlaine, ils s'arrêtent une journée dans la Cité ardente, orgueil de Wallonie. Liège! Ils attendaient une autre Charleroi, ils découvrent une cité où montagnes de charbon et gigantesques hauts fourneaux abandonnent crasse et vacarme à la vallée de la Meuse. Une affaire de respect. À Liège, la Meuse en impose aux terrils et aux fonderies. À Charleroi, la Sambre, elle, abdique et se terre. À Liège, nos deux touristes visitent le palais des Princes-Évêques et la cathédrale Saint-Paul. Ils flânent dans les ruelles de la vieille ville où, plus tard, Georges Simenon, l'enfant du pays, rêvera du commissaire Maigret. Ont-ils gravi les deux cent vingt-trois marches entre la ville basse et la ville haute? Quand on est amoureux, on ne compte pas. Dans l'île du Commerce, ils ont respiré, à pleins poumons, l'air du grand large. À Liège, surtout pour des Ardennais, la Meuse est déjà un bras de mer. C'est cependant par le train, à la station de Longdoz, qu'ils sont partis pour Anvers.

Deux ans après la mort de Rimbaud, Verlaine, invité par la Société libre d'émulation, vint donner une conférence à Liège. Sa montée sur l'estrade officielle fut homérique. Dans l'après-midi, il avait tenu à honorer de sa présence les petits vignobles des côtes de Vivegnis, de Cointe et de Sclessin. Ensuite, il fit une halte au café de la Renaissance. Ivre mort, mais lucide, Verlaine, affalé sur la table présidentielle, déclara à la docte assistance qu'il était déjà venu à Liège, « tenez, le jour-même de la chute de M. Thiers, en 1873 ! ». On ne sait s'il parla de Rimbaud. Ses propos devinrent tellement inaudibles que les membres et les invités de la Société libre d'émulation décidèrent, ou de quitter la salle, ou de causer entre eux, de tout, sauf de poésie.

TROISIÈME PARTIE

Roche et le bout du monde

« Comment a-t-il pu revenir ici, y revenir encore et encore, rejoindre si obstinément les figures de famille ? »

JULIEN GRACQ
En lisant en écrivant.

Roche, au bout du monde.

CHAPITRE I

Le néant

Vingt-deux habitants ! Minuscule et dérisoire, Roche étreint le pèlerin venu y cultiver le souvenir de Rimbaud dans les terres de sa famille maternelle, celles des Cuif. « Rien ne marque cet écart d'une totale insignifiance », note Julien Gracq dans *En lisant en écrivant*. Aujourd'hui, comme au temps de Rimbaud, Roche n'est rien. Ni église, ni mairie, ni école, ni cimetière. Quand même un lavoir, une illusion de place, un semblant de rue, deux vrais virages. Administrativement dépendant de la commune de Chuffilly et de la sous-préfecture de Vouziers, le hameau de Roche se situe au sud du département des Ardennes. À quarante-cinq kilomètres de Charleville-Mézières. À dix de Vouziers. À des années-lumière de la véritable Ardenne, celle de la forêt infinie et des vallées sauvages de la Meuse et de la Semoy. Roche appartient corps et âme au néant de la Champagne pouilleuse, à sa désespérante platitude, à sa craie livide. Il faut voir la campagne rochoise embourbée dans novembre ou pulvérulente sous la canicule d'août : fange sibérienne ou désert du Harar !

> Chez nous il n'y a rien,
> pas même un songe, pas même un ciel
> rien que la plaine aveugle,
> nuits et soleils bouchés.

Extraits d'un poème intitulé *Rien*, ces vers ne sont pas d'Arthur Rimbaud, mais d'André Dhôtel, l'autre illustre enfant du pays. Né en 1900, à Attigny, le célèbre romancier se retirait chaque été dans sa maison (un baraquement datant de la Grande Guerre !) du Mont-de-Jeux. Attigny est à quatre kilomètres de Roche, Mont-de-Jeux à cinq. Dans son enfance, André Dhôtel connut le docteur Beaudier, le médecin d'Attigny qui soigna Rimbaud. Le père du romancier rencontrait parfois Mme Rimbaud chez l'apothicaire ou le libraire d'Attigny. Une grand-mère d'André Dhôtel était cousine des Cuif.

Les peupliers du canal

Fascinant voisinage : Rimbaud à Roche. Dhôtel à Attigny, à quatre kilomètres de Roche. Et Verlaine qui fut fermier à Coulommes, à trois kilomètres de Roche. Quel fabuleux canton de la littérature française !

> Chez nous il n'y a rien
> ...
> rien que la plaine aveugle.

Quand on habite *Rien*, on fait des montagnes avec ce qu'on peut. Quel est le nom de la fluette rivière qui arrose timidement Roche ? La Loire ! Une boursouflure de la plaine crée l'événement. Pour les Rochois, dont le lavoir se hisse à 101 mètres d'altitude, les 133-mètres de la côte du Pressoir sont presque insurmontables. Cette route entre Roche et Rilly, quelle épreuve pour le marcheur ou la voiture hippomobile ! Dans son Journal, Vitalie, la sœur du poète, ne l'a pas oubliée :

« Quoique le chemin qu'il y a à faire pour aller de Roche à Rilly ne dépasse pas trois kilomètres, ce que nous avons toujours regretté, c'est cette côte qu'il fallait toujours monter pour retourner, et voilà pourquoi il nous fallait presque une heure pour faire cette route. »

Autre événement considérable dans l'horizon et la vie des Rochois : la proche vallée de l'Aisne, nommée ici *vallage*. Terre de roseaux, de saules, de prairies spongieuses, elle est dans le désert de la plaine rochoise plus encore qu'une oasis : une voie de passage. À Voncq, à seulement deux kilomètres de Roche, un canal et une voie ferrée longent l'Aisne. Dans sa petite enfance, la mère de Rimbaud fut témoin du creusement du canal entre Attigny et

La campagne de Roche. Pire que le désert. Le néant.

Vouziers. Dans une lettre adressée le 25 décembre 1898 à sa fille Isabelle, elle écrit :

« Je ne puis vous dire au juste en quelle année le canal a été fait, ce que je sais parfaitement, car cela m'a beaucoup frappée, c'est que je l'ai vu commencer, et continuer toujours jusque bien plus loin que Vouziers. J'avais peut-être sept ou huit ans, j'allais bien souvent avec papa promener du côté de ces ouvriers-là, il y en avait un très grand nombre, et tous étrangers, on n'entendait pas un mot de ce qu'ils disaient. »

Ce canal fut achevé en 1836. Il a enchanté la sœur d'Arthur. Dans son journal, la petite Vitalie confie combien, même de retour à Charleville, sa musique continue à la bercer :

« Le canal bordé de grands peupliers dont il me semble entendre le bruit qu'ils font quand le bruit de l'orage les secoue, bruit alors effrayant, mais bruit bien doux et bien suave quand, au contraire, il est causé par la brise légère et embaumée d'un beau soir d'automne ; c'est ainsi que j'entends ces grands arbres parler à mon oreille maintenant ; ils me rappellent tout doucement, presque tout bas, les battements de mon cœur quand je traversais le pont du canal. »

En rive droite de l'Aisne, le *vallage* est bordé par une côte que, de nos jours, les rares enfants de Roche continuent à considérer comme une montagne. Sur les hauteurs de Voncq (prononcer Von), elle culmine à 157 mètres. C'est le Mont-Blanc du coin. Au temps de Rimbaud y tournait un imposant moulin à vent. Semuy, Mont-de-Jeux, Rilly – sur l'autre rive – sont les autres communes du *vallage* entre Voncq et Attigny.

Située à quatre kilomètres de Roche, Attigny fut anéantie en 1918 et en 1940. Il ne reste rien de l'imposante halle que connut le poète. Chef-lieu de canton, forte de ses quelque mille huit cents âmes, Attigny, au XIXe siècle, était un bourg animé où les paysans ne s'agitaient pas seulement au marché. Auberges et cafés étaient pris d'assaut, surtout par les Rochois. Pour eux, Attigny demeurait le lieu le plus proche où l'on pouvait enfin boire un verre ailleurs qu'à une table de ferme. À dix kilomètres de Roche, Vouziers et ses quelque cinq mille âmes font aujourd'hui figure de bourgade. Au temps de Rimbaud, Vouziers était *la* ville, le lieu où, deux fois l'an, à l'heure de la foire, le cœur de toute une campagne battait à se rompre. Il est significatif que, dans une lettre adressée à Delahaye, Rimbaud évoque Vouziers et ses dix mille âmes. La sous-préfecture n'en comptait alors que trois mille. Vue de Roche, Vouziers, c'était Paris !

Du hameau de Roche qu'a connu Arthur, il ne reste rien ou presque. À l'automne de 1918, l'occupant, avant de déguerpir, a dynamité chacune des fermes. La dernière qui sauta fut la plus belle de toutes, celle des Cuif. Les Allemands en avaient fait l'*Hohenzollern Kaserne*. De la maison des Cuif, les artificiers ne laissèrent que l'entrée charretière et un pan de toit du grenier où Rimbaud aimait se réfugier. L'offensive de mai 1940 s'empressa de raser ces vestiges calcinés. Aujourd'hui, il ne demeure que le mur du verger autrefois accolé à la porte charretière. Même pas dix mètres de long sur deux mètres de haut. La folie des hommes s'est acharnée sur le poète maudit. À Charleville, deux fois sa statue fut fondue par l'occupant. À Roche, les murs de la ferme étaient solides. En 1873, ils avaient résisté à l'explosion d'*Une Saison en enfer*. Seuls les éminents spécialistes du génie pouvaient raser la mémoire de telles pierres !

Au centre du hameau, la grosse ferme des Cuif

Longtemps, les Cuif furent les plus riches paysans de Roche. Ils auraient pu l'être plus encore si leur ancêtre Jean-Baptiste ne s'était pas fait souffler le château du pays. Lorsque éclata la Révolution de 1789, Jean-Baptiste en était le locataire. Transformé en ferme, le château appartenait à l'abbaye Saint-Étienne de Reims. Confisqué par les révolutionnaires, il est mis en vente à Vouziers. Jean-Baptiste le voulait. Il ordonna au notaire de Voncq de pousser les enchères, jusqu'à quatre-vingt-dix mille livres. Stupeur ! Le bien sera adjugé pour cent six mille livres à un certain Christophe Déa de Chuffilly. Celui-là, ni les Cuif ni les Rochois ne l'oublieront. Devenu maire de Chuffilly, il fera main basse sur tout le pays. C'est à cause de lui que Roche, en 1827, a dû fusionner avec Chuffilly alors que Roche comptait douze habitants de plus que Chuffilly. Tenace rancœur paysanne. Quelques années avant sa mort, Mme Rimbaud, dans une lettre à sa fille, continuera à remuer ces histoires alors vieilles de plus d'un siècle : « Les personnes qui se sont rendues coupables de ce forfait ne sont pas loin de nous. Quand je dis les personnes, c'est-à-dire leurs descendants. »

Même s'il n'avait pu acquérir le château, Jean-Baptiste Cuif devint, à sa façon, le vrai seigneur de Roche. Audacieux entrepreneur, il y édifia ou restaura la plupart des fermes, dont celle que connut Arthur. Située au centre du hameau, elle fut bâtie en 1791. Construite en pierre de Semuy, coiffée d'un haut toit d'ardoises en pavillon, elle était de forme carrée. Jules Lefranc nous apporte les précisions suivantes :

« Face à la rue, deux lucarnes rectangulaires vitrées étaient destinées à éclairer le grenier. Un officier de la Grande Guerre en avait fait un observatoire et disait à son hôte que, de là, on dominait toutes les routes d'Argonne et la Champagne ainsi que la rivière l'Aisne. Auprès, et à l'ouest de la maison d'habitation, se trouvaient une cour, contiguë et fermée, ainsi que les bâtiments de la ferme composés principalement d'écurie et d'une grange. On accédait à la cour par une entrée charretière couverte formant le rez-de-chaussée d'un petit pavillon attenant à la maison et spécialement construit pour que la chambre unique de son unique étage servît de colombier. Ce colombier, d'un modèle courant dans la région au XVIIIe siècle, avait un toit à quatre versants qui s'harmonisait dans le paysage avec le toit voisin. »

Quant à l'intérieur de la maison, c'est Vitalie, la sœur du poète, qui nous le fait visiter dans son journal. Nous en respectons l'orthographe :

« Nous avions une chambre en bas où nous couchions, ma mère, ma sœur et moi, et où nous restions habituellement ; cette chambre donne sur la route. Derrière, sur la cour, un fournil, à côté, la cave sous la bûcherie ; l'autre côté du corridor, comprenant une grande cuisine sur la rue. Sur la cour, deux petites chambres, était occupé par un locataire. Montons au premier : donnant sur la cour une chambre ; sur la rue une autre, c'était la chambre de mon frère ; en face une autre chambre aussi grande que celle dont je viens de parler et, tout à fait par-derrière, une autre pièce appartenant au locataire cité plus haut ; le second est occupé par un immense grenier. »

Petit-fils de l'illustre ancêtre Jean-Baptiste Cuif, Jean-Nicolas, le père de Mme Rimbaud, naquit à Roche en 1789, précisément dans le château-ferme. Il se maria avec Félicité Fay, une paysanne de Tourteron, le pays des cerises. Le couple eut trois enfants, deux garçons et une fille, Vitalie Cuif, la future Mme Rimbaud. Dans la première partie de l'ouvrage, nous avons vu quelle tornade s'abattit sur cette famille. Félicité décède en 1830. Elle laisse un nourrisson, Charles-Auguste, deux mois ; Vitalie, cinq ans ; Charles-Félix, six ans. Vitalie s'occupera de la ferme et du ménage. Les deux frères s'encrapuleront très vite. Charles-Auguste, ivrogne invétéré, se marie à Marguerite-Adélaïde Misset. Du coup, le père Cuif et sa fille Vitalie s'en vont vivre à Charleville. De retour de l'armée d'Afrique où il s'était engagé à la suite d'une sombre affaire de mœurs, Charles-Félix, l'autre frère, exige la ferme. Charles-Auguste s'empresse de la lui vendre. Quel foutoir ! En avril 1854, tandis que Vitalie Rimbaud-Cuif couve Arthur, la séparation de corps et de biens est prononcée entre Charles-Auguste et Marie-Adélaïde Misset. Devenu fermier à Roche, l'Africain meurt subitement en 1855. L'autre frère, lui, a déjà choisi sa vie : il sera vagabond, « camp volant » ! L'argent lui permet, du moins au début, de mener la grande vie, à Attigny, à Vouziers et même à Rethel. Par deux fois, la ferme lui a rapporté gros. La première, lorsqu'il la vendit à son frère l'Africain ; la seconde, lorsque au décès de son père, sa sœur – Vitalie Rimbaud – lui racheta sa part d'héritage. Vieillard tonitruant, Charles-Auguste mourut à un âge plus que canonique, à l'hospice de Château-Porcien, près de Rethel. Une infirmière pria un prêtre de venir bénir son dernier souffle. Charles-Auguste le repoussa avant de brailler : « Du pinard ! Du pinard ! » Il rendit l'âme dans un verre de vin. C'était en 1924. Il avait quatre-vingt-quatorze ans.

CHAPITRE II

« Ô nature, ô ma mère ! »

Paysanne de souche et de cœur, Vitalie Rimbaud-Cuif aurait préféré vivre dans son domaine de Roche plutôt qu'à Charleville. Si elle tint à rester longtemps carolopolitaine, ce fut dans l'intérêt scolaire de ses enfants. Elle aimait Roche, sa terre et son ciel scellés dans l'éternité des saisons et de Dieu. La sérénité de l'immobilisme. Un cycle immuable : semailles et moissons, marchés et foires, naissance et mort. L'ordre parfait. L'église régentait tout. Nul lieu sans croix ou calvaire ; nulle cuisine, nulle chambre, nulle grange, nulle écurie, nulle étable sans crucifix. On se signait à tout bout de champ. La religion, c'était aussi la fête, la messe de minuit à la lanterne, les processions de Pâques, de la Fête-Dieu, de l'Assomption. Et le 12 juin, le grand pèlerinage de la Saint-Méen, à Attigny. Chaque dimanche, tous les Rochois allaient à la grand-messe, cela va sans dire. Chacun à sa place. Les riches, dont les Cuif, au premier rang. Loin derrière, la vile multitude des pauvres, ouvriers agricoles et commis de culture, laboureurs, bouviers, garçons de charrue, bergers, embauchés pour des salaires de misère à la Saint-Martin ou à la Saint-Jean et qui s'entassaient avec leurs familles dans les combles ou dans des masures qui n'avaient rien à envier aux taudis des ouvriers de Charleville, dont ceux de la rue Bourbon.

À Roche, Vitalie Rimbaud-Cuif tient à son rang. Dans l'église et dans le pays. Le premier ! Elle domine, elle commande, elle ordonne parce qu'elle est une Cuif, une riche propriétaire, et d'autant plus riche que, dès sa petite enfance meurtrie par la disparition de sa pauvre maman, son «bon père» lui a appris qu'il faut travailler, travailler encore, travailler toujours, dépenser le moins possible, et ne faire confiance qu'en Dieu. Dieu lui a enlevé son «bon père». Le diable a emporté son capitaine de mari. La voici seule, à Charleville, la Vitalie des Cuif, avec quatre enfants. Et le domaine de Roche à devoir gérer avec d'autant plus de rigueur qu'il est son unique source de revenus. Pas facile quand il faut s'en remettre à des fermiers en qui elle a d'autant moins confiance qu'elle doit gérer et commander à distance.

Heureux encore que le 24 mai 1854, alors qu'Arthur s'agite en son ventre, *Le Courrier des Ardennes* lui apprend que pour se rendre à Roche, elle profitera désormais d'«un service de voiture (hippomobile) direct de Charleville à Vouziers, par Attigny. Le trajet se fera en cinq heures». Finies les interminables attentes aux relais de diligences de Boulzicourt, de Poix-Terron et du Chesne! Lorsque ses enfants étaient en bas âge, il est vraisemblable que Mme Rimbaud-Cuif ne les emmenait pas tous l'été à Roche. À l'heure des moissons, elle avait tant et tant à faire dans le domaine familial, mener à la baguette le fermier, traîner plus bas que terre le bataillon de faucheurs, vérifier, compter, contrôler tout, absolument tout, que les enfants constituaient une charge d'autant plus inutile qu'ils étaient incapables de travailler à la ferme. Sans doute, Frédéric et Arthur, à l'âge de sept, huit ans, passèrent-ils un ou deux étés à Roche, battus comme les blés par maman-fléau dès lors qu'ils perturbaient ne serait-ce qu'une seconde la mécanique cuifienne de la moisson.

Les pompiers de Rilly-aux-Oies

Le 6 octobre 1863, catastrophe, la ferme de Roche flambe. L'incendie est d'une telle gravité que *Le Courrier des Ardennes* lui consacre un long article:

«Les incendies se succèdent rapidement dans l'arrondissement de Vouziers; nous avons encore à enregistrer un sinistre assez considérable. Le 6 courant, à 11 heures du soir, un incendie a éclaté au hameau de Roche, commune de Chuffilly, dans les granges d'une ferme appartenant à Mme Rimbaud-Cuif de Charleville et louée à M. Charpentier-Dupas. Quinze espèces de bâtiments nature de granges, écuries et récoltes sont réduits en cendres. Les bestiaux ont été sauvés. Les sapeurs-pompiers d'Attigny, Voncq, Rilly-aux-Oies et Sainte-Vaubourg, arrivés en toute hâte sur le lieu du sinistre, ont pu, avec le concours dévoué des habitants de Roche et des villages voisins, préserver le corps de logis de la ferme. Les constructions et les récoltes incendiées sont estimées à 15 150 francs ; elles étaient assurées à la Paternelle. Causes inconnues. »

Au moment du drame, Mme Rimbaud est à Charleville. Frédéric a dix ans ; Arthur, neuf ; Vitalie, cinq ; Isabelle, trois. Le désespoir de la mère est tel qu'elle décide de se séparer de la propriété. Une Cuif qui ose vendre les biens des ancêtres ! Le 26 novembre, le 1er et le 15 décembre 1863, maître Magloire Déa, notaire à Attigny, publie dans *Le Courrier des Ardennes* l'annonce suivante :

« À vendre à l'amiable une grande et belle maison située à Roche, canton d'Attigny, sur la route, avec vastes dépendances et environ 70 ares de jardin, vergers et chènevières y attenant et de l'autre côté de la route – propre à toute destination. S'adresser pour les renseignements : à Mme Rimbaud-Cuif, propriétaire à Charleville, et à Me Déa, notaire à Attigny, dépositaire des titres. »

Prix trop élevé pour des murs calcinés ? Il n'y eut aucun amateur. Dix années durant, Mme Rimbaud laissa le domaine en l'état. Le fermier demeura dans le corps de logis épargné par l'incendie. Il est certain que pendant cette décennie, la mère, à l'été, séjourna à Roche, mais sans ses enfants.

Les chènevières au clair de lune

Ce n'est qu'au printemps de 1873 que toute la famille – à l'exception d'Arthur – se rend à Roche avec la ferme intention de ressusciter la maison où, depuis peu, maçons et charpentiers s'affairent. La mère a décidé d'y séjourner six mois. Ce ne sera pas trop pour redonner couleurs et vie aux murs calcinés. Chargés comme des baudets, le vendredi 5 avril, les quatre Rimbaud prennent le train de Paris jusqu'à Amagne. Là, providence ! Depuis trois mois, un train roule dans la vallée de l'Aisne jusqu'à Vouziers. Il s'arrête à

Voncq, à seulement deux kilomètres de Roche. Mme Rimbaud choisit de descendre à Attigny où – autre providence ! – depuis peu, l'hôtel de la Gare vient d'organiser un service hippomobile déjà nommé « l'omnibus » par les gens du coin. Tiré par quatre chevaux, il dépose voyageurs et bagages, livre les colis dans tous les villages et hameaux du canton d'Attigny, dont Chuffilly et Roche. Solide gaillard de vingt ans, Frédéric, le frère d'Arthur, aide le voiturier à charger le barda des Rimbaud dans l'omnibus. Il ne se doute pas qu'un jour il en sera le conducteur !

Le fouet claque. La lourde voiture s'ébranle. Habillée comme pour la messe, roide et silencieuse, Mme Rimbaud ne quitte pas du regard ses deux filles, Vitalie et Isabelle, son fils Frédéric, ses bagages. Assis à côté du conducteur, Frédéric fait le malin, « l'avant balosse » comme on dit dans les Ardennes. Fouet en main, il joue au cocher, fait de grands signes aux passants. Assises sagement côte à côte, belles comme des premières communiantes dans leurs habits du dimanche, le cœur battant, Vitalie, quinze ans, et sa sœur Isabelle, treize ans, écarquillent les yeux. Elles vont enfin découvrir Roche dont leur mère a tant parlé ! Roche de leurs grands-parents qu'elles n'ont pas connus. Grand-père Jean-Nicolas dont elles fleurissent la tombe à Charleville. Grand-mère Félicité à qui, dans le cimetière de Roche, elles vont aller offrir une gerbe de prières et un bouquet de fleurs des champs.

Dans son journal, Vitalie raconte la mémorable arrivée à Roche. On notera que, comme tous les Rochois, elle continue de mettre un *s* au nom de son village. L'administration royale l'avait pourtant supprimé dès la fin du XVIIe siècle :

« Je me vois encore sur cette route qui conduit d'Attigny à Roches, distance de quatre kilomètres un hectomètre. Je regardais avec anxiété si je ne voyais pas apparaître le toit du pignon de la maison ainsi que le colombier à côté, lorsque enfin nous la vîmes, à travers les arbres qui l'entourent, et bientôt nous descendons de la voiture et nous foulons le seuil de cette maison qui ne nous avait pas vus depuis de longues années. La cour silencieuse et déserte était recouverte d'un gazon et ses murs, noircis et calcinés par le feu, étaient toujours debout. Toute notre soirée passa à examiner au clair de la lune les jardins, les chènevières et les clos. »

Peu probable qu'ils aient trouvé le sommeil, retournés qu'ils étaient par l'événement. Et tout le travail qu'il y avait à faire. Le lendemain samedi, dès l'aube, ils sont debout, débordants de courage et d'entrain. Le maçon, le charpentier, le couvreur arrivent. Vitalie Rimbaud-Cuif les sermonne. Par principe. Elle a de quoi régler les travaux puisqu'elle a obtenu de la compagnie d'assurances plus que le nécessaire. Raison de plus pour veiller à ce que les entrepreneurs ne la roulent pas d'un sou. Et que les bougres ne s'avisent pas de poser une pierre ou une tuile de travers!

À l'angélus de midi, égrené par l'église de Chuffilly, les quatre Rimbaud se signent. La mère coupe le pain. Ils mangent en silence. La mère s'abandonne un instant au bonheur d'être redevenue une Rochoise, une Cuif. Déjà, elle s'est ressaisie. Au travail! À la nuit tombante, ils se rendent à pied au cimetière des Rochois tapi sous la chapelle de Méry. Il souffle un vent léger. Au loin, l'église de Chuffilly se détache sur un ciel rose. Émues aux larmes, Vitalie et sa sœur Isabelle déposent chacune un bouquet de jonquilles sur la tombe de grand-mère Félicité. Tête basse, les mains jointes, ils prient, les deux filles à voix haute, la mère et le fils à voix basse. Des agneaux bêlent.

Dans son journal, Vitalie décrit la patrie des Cuif déjà devenue ardemment sienne:

«Il y avait treize maisons de quelque importance; environ cent-dix à cent-vingt habitants. Notre maison est la seconde du village en venant d'Attigny; elle se trouve sur la place. Il n'y a pas d'église ni d'école communale; nous étions toujours obligés d'aller à la messe une semaine à Méry, une autre à Rilly-aux-Oies, le plus près village à notre portée, ou ailleurs.»

Ajoutons qu'en 1873, le hameau comptait cent soixante-deux habitants, soit cinq de plus qu'à Chuffilly. Le maire de Chuffilly-Roche était Jean-François Décombis, un cultivateur de Méry. L'écart de Méry appartenait en grande partie au châtelain Grozeulx-Flamanville, un homme de grande culture. Il rencontra un jour Chateaubriand. Pour les Rochois, Méry était le lieu du culte le plus proche et l'endroit où l'on ensevelissait les morts. Dans le cimetière attenant à la chapelle existe toujours le monument funéraire des Grozeulx-Flamanville.

« Face à face avec Arthur ! »

Retrouvons Vitalie et son journal :

« Nous sommes arrivés le vendredi, et le premier dimanche suivant ma mère nous a conduits à la messe de Rilly ; c'était à 10 heures. Pour la première fois de ma vie, j'assistais à une messe dans un village. J'étais bien contente ; tous les assistants y priaient avec un profond respect. »

Dieu soit loué, pieuse et innocente, Vitalie ignore que deux ans auparavant, dans le poème *Les Premières Communions*, son frère Arthur porte un autre regard sur les paroissiens des campagnes, par exemple ceux de Chuffilly, de Roche ou de Rilly-aux-Oies.

Vraiment, c'est bête, ces églises de village
Où quinze laids marmots encrassant les piliers
Écoutent, grasseyant les divins babillages ;
Un noir grotesque dont fermentent les souliers :
…
La pierre sent toujours la terre maternelle.
Vous verrez des monceaux de ces cailloux terreux
Dans la campagne en rut qui frémit solennelle (…)

Arrive bientôt le vendredi saint. Vitalie raconte :

« Je me vois encore dans notre chambre… ma mère, mon frère et ma sœur étaient auprès de moi, lorsqu'un coup discret retentit à la porte. J'allai ouvrir et… jugez de ma surprise, je me trouvai face à face avec Arthur. Les premiers moments d'étonnement passés, le nouveau venu nous expliqua l'objet de cet événement ; nous fûmes bien joyeux, et lui bien content de nous voir satisfaits. La journée se passa dans l'intimité de la famille et dans la connaissance de la propriété qu'Arthur ne connaissait presque pas pour ainsi dire. »

Arthur ressuscité un vendredi saint ! Il revenait de Londres où Verlaine, nous le savons, l'avait plaqué pour aller rejoindre sa femme à Namur. Du trio infernal, Rimbaud n'a pipé mot aux siens. En revanche, il a dû émerveiller ses sœurs en leur décrivant les magasins de Londres et, surtout, la traversée en bateau. Vitalie ne se doutait guère que quinze mois plus tard, à son tour, elle découvrirait la mer et Londres. Miracle pascal. Toute la famille réunie dans la maison de Roche, les ronces et les âmes en fleur ! De quoi oublier les murs noircis. « Le dimanche, jour de Pâques, nous assistâmes à la messe dans la chapelle de Méry », écrit Vitalie. Peu probable qu'Arthur ait processionné sur le chemin de Méry *dans la campagne en rut qui frémit solennelle* !

Rimbaud est anéanti par le néant de Roche, un néant où s'agite et triomphe tout ce qui est sa mère, tout ce qu'elle vénère et qu'il honnit : l'attachement féroce à la propriété, la gloire de posséder la terre, la soumission à Dieu et aux cycles des saisons, l'implacable asservissement des commis de culture et des journaliers. Arthur erre dans le néant de Roche. Même pas un fleuve où pouvoir se noyer. Rien que la mare d'un lavoir où cancanent les canards et les bonnes femmes. Puanteur des fumiers et des fosses à purin. Tapage du maréchal-ferrant. Passe un seigneur de la terre dans son tilbury. Passe un journalier accompagné d'un gosse en loques. Passent de trop vagues souvenirs des rares jours d'été où, dans sa petite enfance, avant l'incendie, il venait à Roche : les tilleuls de l'allée cavalière du château, une oseraie, la gueule rouge de la forge du charron. Arthur marche dans la bouillasse du raccourci qui mène à la chapelle de Méry. Nullité de la plaine et du ciel. Le désert. Pire que le désert. Pas de chameaux, mais de vulgaires vaches. Pour toute oasis, la chapelle et le cimetière de Méry. Si seulement, pour faire oublier sa mère, pour tuer le néant, il pouvait, à Roche, avoir la providence de posséder une vraie grand-mère, un vrai grand-père ! Étrange poème que *Comédie de la soif* : « Grands-parents » et « Moi » s'y interpellent dans une campagne très rochoise. « Nos vins secs avaient du cœur ! », s'exclament les « grands-parents ». S'agit-il du vin de Voncq, encore appelé « la gaizette » ?

Nous sommes tes Grands-Parents
Des champs.
L'eau est au fond des osiers :
Vois le courant du fossé
Autour du château mouillé.
Descendons en nos celliers ;
Après, le cidre ou le lait.

Moi. – Aller où boivent les vaches.

À l'emplacement de la ferme des Cuif anéantie par les combats de 1918 et de 1940, un monument en béton armé perpétue « son chef d'œuvre » : *Une Saison en enfer* !

« Un triste trou »

Arthur y est au pays des vaches, au pays de sa mère, un pays où, a-t-il écrit dans *Les Premières Communions*, «la pierre sent toujours la terre maternelle» et où, cela va sans dire, la terre sent toujours la pierre maternelle lourde et implacable comme une pierre tombale.

À peine débarqué à Roche, Arthur adresse un long courrier à Ernest Delahaye. Pour que son ami comprenne bien dans quel enfer il vient d'échouer, il ajoute deux croquis de sa main. Sur l'un, il esquisse le hameau de Roche, cinq fermes, un bout de rue, un arbre plumé, le tout honoré de cette légende: «Laïtou, mon village.» Sur l'autre dessin, baptisé pompeusement «aquarelle», Arthur s'immortalise en paysan de Roche. Chaussé de lourds sabots, bouffarde aux dents, il s'appuie sur un énorme gourdin à l'allure phallique. Un saule et une fleur se pâment. Une poule caquette «ô nature, ô ma tante». Une fillette brandissant une bêche chantonne «ô nature, ô ma sœur».

«Quelle chierie! et quels monstres d'innocince, ces paysans, écrit Arthur à Ernest. Il faut, le soir, faire deux lieues, et plus, pour boire un peu. La mother m'a mis là dans un triste trou. Je ne sais comment en sortir: j'en sortirai pourtant. Je regrette cet atroce Charlestown, l'Univers, la Bibliothèque, etc… Je travaille pourtant assez régulièrement; je fais de petites histoires en prose, titre général: *Livre païen*, ou *Livre nègre*. C'est bête et innocent. Ô innocence: innocence, innoc…fléau!… Je n'ai rien de plus à te dire, la contemplostate de la Nature m'absorculant tout entier. Je suis à toi, ô Nature, ô ma mère! Je te serre les mains, dans l'espoir d'un revoir que j'active autant que je puis.»

«Je rouvre ma lettre. Verlaine doit t'avoir proposé un rendez-vol au dimanche 18, à Boulion. Moi je ne puis y aller. Si tu y vas, il te chargera probablement de quelques fraguemants en prose de moi ou de lui, à me retourner… Le soleil est accablant et il gèle le matin. J'ai été avant-hier voir les Prussmars à Vouziers, une sous-préfecture de 10000 âmes, à sept kilom. d'ici. Ça m'a ragaillardi. Je suis abominablement gêné. Pas un livre, pas un cabaret à portée de moi, pas un incident dans la rue. Quelle horreur que cette campagne française! Mon sort dépend de ce livre pour lequel une demi-douzaine d'histoires atroces sont encore à inventer. Comment inventer des atrocités ici ? Je ne t'envoie pas d'histoires, quoique j'en aie déjà trois, ça coûte tant ! Enfin voilà ! Bon revoir, tu verras ça. »

Pourquoi « Laïtou » pour Roche ? Là-itou, là aussi ! Là aussi la mère, l'ennui mais pire encore qu'à Charleville !

Quant au *Livre nègre*, il s'agit d'*Une Saison en enfer*, sans doute commencé à Londres. En ce mois d'avril, Arthur y travaille peu. Verlaine, retiré en Ardenne belge, l'appelle. Vive la *liberté libre* ! Vite, vite Sugny, Bouillon, Liège, Anvers, Londres, Bruxelles ! Là, le 10 juillet, Verlaine le blesse d'un coup de revolver. Rimbaud, le bras en écharpe, revient dans les Ardennes. Le 27 août, sa mère l'attend à la gare de Voncq. Elle sait exactement de quoi il retourne. En juillet, elle a écrit, à ce sujet, à Verlaine. Le journal de la petite Vitalie n'accorde pas le moindre mot à la blessure de son frère. Dans le clan des Cuif, dès la naissance, on apprend à se taire sur l'essentiel. Vitalie, en revanche, conte en long et en large comment, cet été-là, elle apprit à faner. Du poète, elle nous dit seulement ceci :

« Mon frère Arthur ne partageait point nos travaux agricoles. La plume trouvait auprès de lui une occupation assez sérieuse pour qu'elle ne lui permît pas de se mêler de travaux manuels. »

« Je suis rendu au sol… Paysan ! »

Claquemuré dans le grenier de la ferme, Arthur écrit *Une Saison en enfer*. Paterne Berrichon et d'autres encore affirment qu'il hurlait en accouchant de sa dernière œuvre. Nous l'imaginerons plutôt calme : Rimbaud vide son sac de larmes dans l'égout de la folie. Par les deux lucarnes du grenier, situé au-dessus de l'entrée charretière, il voit l'église et le moulin de Voncq. Son enfance meurtrie, la dérision de Charleville, la sale terre de Roche, le père disparu, Verlaine gueulent et se figent dans un tourbillon dantesque. Quand le dernier mot sera jeté dans la fournaise, instantanément la lave se figera. Le cratère deviendra un miroir d'airain. Rimbaud y découvrira un être lucide.

« Cela s'est passé. Je sais aujourd'hui saluer la beauté… Moi ! moi qui me suis dit mage ou ange, dispensé de toute morale, je suis rendu au sol, avec un devoir à chercher, et la réalité rugueuse à étreindre ! Paysan ! »

Il avait brûlé ses vaisseaux, son sang, son encre. Écrire, c'était vivre. Écrire de nouveau, ce serait mourir *mage* ou *ange*. Mieux vaut rester les pieds sur terre, devenir *paysan*, choisir un autre ennui, une autre mort. Au bout du champ. Au bout de l'Afrique et du monde. Auparavant, tel un homme qui va se pendre caresse la corde, il s'offre une illusion, une sucrerie, un rêve : être édité. Voir son nom sur une couverture comme le moulin de Voncq dans le ciel de Roche. Maman-maman avance les fonds nécessaires à l'édition à compte d'auteur. Le 23 octobre, à l'imprimerie Jacques-Poot, 27, rue aux Choux, à Bruxelles, Rimbaud prend livraison d'une vingtaine des cinq cents exemplaires, en dépose un au guichet de la prison bruxelloise où Verlaine purge sa peine et son âme. À Paris, Rimbaud tente de présenter son ouvrage à des revues, à des critiques. Partout des haussements d'épaules. De retour à Roche, Arthur, en novembre, jette les exemplaires dans le feu à l'âtre de la ferme. Sa mère est présente. Qu'a-t-elle dit ? Elle savait qu'il n'y avait rien d'autre à faire qu'à *observer le silence*, comme au kiosque du square de la gare de Charleville, à l'heure des concerts.

CHAPITRE III

Le Chypriote aide à la moisson

Son dernier fermier n'ayant pas renouvelé le bail, en 1878, Mme Rimbaud s'installe dans la ferme familiale de Roche. Enfin la vraie vie, au seul pays qui soit, celui des Cuif. Isabelle a dix-huit ans. Jeune fille modèle, prude, forte de l'éducation reçue chez les religieuses de Charleville, elle aide sa mère dans les travaux des champs et du ménage avec une ardeur semblable à celle qui l'anime dès qu'il s'agit de vénérer le bon Dieu. Frédéric, son frère aîné, âgé de vingt-cinq ans, vient de quitter l'armée où il s'était engagé pour quatre ans. Fort d'épaules et de jarrets, rude à la tâche, le plus cabochard des Rimbaud-Cuif rue dans les brancards. S'il travaille volontiers à la ferme, il n'entend pas pour autant partager la vie monacale de sa mère et de sa sœur. Il va souvent boire plus d'une chope dans les auberges ou les fêtes patronales du coin. À Roche, on ne ragote pas que sur Frédéric. Son frère, l'Arthur, qu'est-ce qu'il trafique au juste, dans les colonies ? Son oncle l'Africain tout craché ! L'Africain ? Beh oui, le frère de sa mère ! Mme Rimbaud n'ignore rien de ces ragots. Longtemps qu'elle sait que les Rochois détestent les Cuif. Elle leur rend la pareille en les écrasant de toute sa superbe, chaque dimanche, au premier rang de l'église de Chuffilly.

En décembre 1878, une lettre d'Arthur postée à Alexandrie arrive à Roche. Voulant se faire embaucher « dans une grande exploitation agricole », il écrit : « Il me faut un mot de toi, maman, avec la légalisation de la mairie et portant ceci : “Je soussignée, épouse Rimbaud, propriétaire à Roche, déclare que mon fils Arthur Rimbaud sort de travailler sur ma propriété, qu'il a quitté Roche de sa propre volonté, le 20 octobre 1878, et qu'il s'est conduit honorablement ici et ailleurs. Signé : Ép. R... »

Preuve qu'Arthur ignore le décès de son père survenu le mois précédent, il demande à sa mère de se déclarer « épouse ». Elle s'empresse de rédiger (a-t-elle écrit « Veuve Rimbaud » ?) et d'adresser à son fils le certificat de bonne conduite paysanne. Pas vraiment un faux puisqu'il n'y est pas précisé combien de temps « il a travaillé sur ma propriété ». Clair que si elle avait mentionné qu'avant de la quitter, le 20 octobre 1878, il y avait en tout et pour tout bricolé durant une semaine, le régisseur de la « grande exploitation agricole » égyptienne l'aurait envoyé sur les roses !

La typhoïde, la fourche, les vaches

Deux mois plus tard, en février 1879, Arthur apprend aux siens que ce n'est pas en Égypte, mais à Chypre qu'il a trouvé un emploi. « Je suis surveillant d'une carrière au désert, au bord de la mer... Il n'y a qu'une maison. Pas de terre, pas de jardins, pas un arbre. » Mme Rimbaud se signe, soupire, se tait. Isabelle ouvre le petit atlas de géographie. Son doigt cherche dans le bleu de la Méditerranée. Chypre, une île ! La lettre d'Arthur s'achève sur trois interrogations : « Que se passe-t-il chez vous ? Préféreriez-vous que je rentre ? Comment vont les petites affaires ? » Il n'oublie pas les siens, loin s'en faut ! Le 24 avril, de Chypre où « les puces sont un supplice affreux », il s'émeut du silence de sa famille. « Je voudrais que vous me donniez des nouvelles. Écrivez-moi donc ! »

Six semaines plus tard, il arrive à Roche, accablé par la maladie. Isabelle pousse un cri d'effroi. Maman-maman donne des ordres : alerter le médecin, coucher le malade, lui envelopper la tête avec une serviette trempée dans de l'eau glacée. Brûlant de fièvre, il tremble. Il geint. Il vomit. Les coliques lui labourent le ventre. Le médecin d'Attigny est formel : il s'agit d'une typhoïde contractée à Chypre. Frédéric file, à cheval, chercher les drogues chez l'apothicaire de Vouziers. Capsulines du docteur Berthal, renfermant chacune dix centigrammes de sulfate de quinine. Magnésie anglaise calcinée Henry's. Dragées de Quinoïde Duriez. Vin Auguet, toni-réparateur au quina, coca, écorces d'oranges amères et vieux vin d'Espagne.

Repos absolu au lit. Elles le soignent, jour et nuit. Elles le nourrissent de jus de carotte et de gelée de coing. Elles prient. Il va mieux. Il reprend des couleurs. En juillet, incroyable mais vrai, voilà qu'il manie la faux, la fourche, les gerbes. Le voici paysan ! Pour de bon. Pour ravir maman-maman ? Pour prouver qu'il a envoyé au diable la poésie ? Isabelle est tellement sidérée de voir Arthur travailler aux champs avec pareil talent et pareille ardeur, qu'elle le dessine sur la couverture de son cahier de comptes. Il moissonne, fourche en main, tandis qu'en bas à gauche de la couverture, maman veille au grain.

Ernest Delahaye, lui aussi, tombe des nues quand, arrivant à Roche, il découvre le paysan Arthur Rimbaud. « Au moment où j'arrivai, écrit-il dans ses *Souvenirs à propos de Rimbaud*, le terrible vagabond déchargeait une voiture de blé, avec l'habileté méthodique et la vigueur tranquille d'un laboureur qui n'a jamais fait autre chose. » À se demander si la perfide raillerie mise en vers trois ans auparavant par Verlaine ne mériterait pas d'être instantanément mise en musique et de devenir une bourrée qu'Arthur va chanter et danser avec Ernest ! Précision d'importance, afin de mieux enraciner et envenimer le propos, Verlaine use et abuse de l'accent et du patois des paysans de Roche. Ainsi « les œufs » sont-ils « des œuff's ».

> Je renonce à Satan, à ses pomp', à ses œuffs !
> Je vous gobe, ô profonds mugissements de bœufs,
> …
> Je m' cramponne à toi, Roche, et j' défends qu'on m'arrache
> Eud'toi… Viv' le lard dans la soupe – et soillions
> Sérilleux – et qu' nout' sueur alle abreuff' nos sillions !
> (*Dargnières nouvelles*, fin 1876)

Pas question pour maman-fléau que Delahaye vienne chaque jour à Roche perturber Arthur le moissonneur. Seulement le dimanche. Alors, Arthur et Ernest se promènent dans la campagne parmi les chaumes et les troupeaux de vaches. Ils herborisent, regardent passer le petit train, les péniches du canal. Delahaye raconte qu'un dimanche soir, « après toute une journée passée ensemble, où Rimbaud avait parlé de culture, d'industrie, de commerce, de voyages…, je lui posai directement la question décidément : "Eh bien ! Plus de littérature, alors ?" Il eut un rire gai, un peu étonné, comme quelqu'un à qui on rappellerait une vieille, vieille fantaisie, et dit simplement : "Je ne pense plus à tout cela !…" »

Le *voyageur toqué* s'ennuie. Tandis que tombent les feuilles des arbres et que s'épaississent les brouillards de l'arrière-saison, il décide de retourner en Égypte. À Marseille, avant qu'il embarque pour Alexandrie, la fièvre le terrasse. Rechute de typhoïde. Que faire, sinon s'en retourner à Roche ? Maman-maman le soigne, la petite sœur le dorlote. Interminables journées remplies jusqu'à la gueule de pluies noires, de neige fondue ou de vraie neige affreusement blanche. Maman-fléau marmotte ses litanies, Isabelle brode. Le poêle à bois et le chat ronronnent. Les tas de fumier fument. Arthur a froid. Des heures entières, il se réfugie dans l'étable où l'âne, le bœuf, les vaches font ce qu'ils peuvent pour le réchauffer et le divertir. Il part, enfin, en mars. Ne trouvant pas de travail à Alexandrie, il gagne Chypre. Près de deux mois s'écoulent avant que n'arrive enfin, à la ferme de Roche, la lettre tant attendue. « Je suis surveillant au palais que l'on bâtit pour le gouverneur général, au sommet du Troodos, la plus haute montagne de Chypre… » Sa santé n'est pas bonne. « J'ai des battements de cœur qui m'ennuient fort. Mais il vaut mieux que je n'y pense pas. D'ailleurs qu'y faire ? » Il demande à sa mère d'acheter et de lui adresser deux livres dont il a « absolument besoin » pour son travail : *L'Album des scieries forestières et agricoles* et *Le Livre de poche du charpentier*.

Suit un problème très paysan, très Cuif : « Il faudra que vous payiez ces ouvrages, je vous en prie. » Il ne peut, hélas ! les régler d'avance à sa mère puisqu'il est formellement défendu d'envoyer de l'argent liquide par la Poste. Dès qu'il le pourra, il usera d'un stratagème digne du temps où à Charleville il passait en fraude du tabac belge. Il va acheter « un petit objet quelconque que la Poste accepterait » et il cachera « l'argent dedans ».

La lettre s'achève ainsi : « Donnez-moi bien des nouvelles du petit train ! Et le père Michel ? Et Cotaîche ? » Le père Michel est le vieux commis de culture des Cuif. D'origine luxembourgeoise, il nomme « Cotaîche » la jument Comtesse ! Un bon fils, Arthur ! Non seulement il se soucie de la ferme familiale, mais voilà qu'il annonce « un petit envoi du fameux vin de la Commanderie ». Pas question pour autant d'écrire à ses « chers amis » qu'il les embrasse avant de signer la lettre. « Je me recommande à votre souvenir. À vous. Arthur Rimbaud. Poste restante, Limassol (Chypre). »

Interrogé par Mme Rimbaud, le médecin d'Attigny l'a rassurée au sujet des battements de cœur d'Arthur. « Il travaille en haute montagne. L'altitude, madame ! »

Début juin, arrive déjà une nouvelle lettre de Chypre. Mme Rimbaud l'ouvre fébrilement, témoigne bruyamment de sa colère. Arthur ose la rappeler à l'ordre pour l'envoi des deux livres, celui sur les scieries, celui sur les charpentes. Voilà seulement trois semaines que monsieur en a passé commande ! Cet Arthur la rendra folle. Deux mois plus tard, en août, en pleine moisson, elle reçoit une lettre expédiée d'Aden, un pays dont elle ne sait comment on prononce le nom : « Adan » ? « Adène » ? Arthur écrit :

« J'ai quitté Chypre avec 400 francs... J'ai cherché du travail dans tous les ports de la mer Rouge, à Djeddah, Souakim, Massaouah, Hodeidah, etc. (...) Quand j'aurai quelques centaines de francs, je partirai pour Zanzibar, où dit-on, il y a à faire. Donnez-moi de vos nouvelles. »

Tel un moissonneur frappé d'insolation, elle vacille. La mer Rouge ! Les Infidèles ! Les sauvages ! Déjà, elle a dompté le malaise. Roide et hautaine, elle ordonne au père Michel de s'activer. Seulement à la nuit tombée qu'à la lueur d'une lampe à pétrole, Isabelle l'aidera à situer sur l'atlas les nouveaux lieux où roule la roulotte de son « camp volant » d'Arthur.

Frédéric fait scandale

La moisson engrangée, Frédéric demande à parler à sa mère, seul à seul. Il confirme qu'il est embauché comme conducteur de l'omnibus hippomobile qui, à l'hôtel de la Gare d'Attigny, assure le transport des voyageurs et des colis dans tout le canton, Roche compris. Il affirme qu'elle peut compter sur lui pour les travaux dans la ferme familiale. Elle sait ce qu'il va annoncer, mais elle feint de l'ignorer. Des semaines qu'elle entend caqueter les ragots sur cette nouvelle qui enchante les Rochois : l'aîné des Cuif fricote avec une des filles des plus pauvres ouvriers agricoles de Roche ! « Nous allons nous marier, dit Frédéric, nous vivrons au pays. » Mme Rimbaud-Cuif déverse un tombereau d'injures sur Frédéric et sur sa promise. Lui, un bon à rien, un faible, un abruti ! Elle, une misérable, une païenne, une roulure, une denrée ! « Jamais, Frédéric ! Sinon, la porte ! Pour toujours ! » Le 9 septembre, elle alerte Arthur du scandale qui s'abat sur la famille. D'Aden, dès réception de la missive, Arthur adresse une lettre que l'on pourrait croire écrite par sa mère tant il y épouse son vocabulaire et ses idéaux. Sans ménager la chèvre et le chou, il jette son frère aux orties et se range dans le camp de sa mère.

« Je crois qu'il ne faut pas encourager Frédéric à venir s'établir à Roche, s'il a tant soi peu d'occupation ailleurs. Il s'ennuierait vite et on ne peut compter qu'il y resterait. Quant à l'idée de se marier, quand on n'a pas le sou…, n'est-ce pas une idée misérable ? Pour ma part, celui qui me condamnerait au mariage dans des circonstances pareilles ferait mieux de m'assassiner tout de suite. Mais chacun son idée ! Ce qu'il pense ne me regarde pas, ne me touche en rien, et je lui souhaite tout le bonheur possible sur terre et particulièrement dans le canton d'Attigny (Ardennes). »

Perfide Arthur ! Dans cette même lettre, il précise qu'Aden est « le lieu le plus ennuyeux du monde après toutefois celui que vous habitez ». Belle pierre brûlante jetée dans le jardin de sa mère et dans celui de son frère auquel il souhaite grand bonheur dans Roche-sur-Aden !

Frédéric n'ose pas épouser la fille des miséreux qui bientôt quittent Roche où la fontaine à ragots déborde d'aise. Jusqu'à prétendre que la mère Rimbaud-Cuif va acheter la masure où logeaient les miséreux, afin de la raser telle Rome, Carthage ! Frédéric en veut à sa mère. Et plus encore à son frère dont il a eu connaissance de la lettre adressée d'Aden. De quoi se mêle-t-il, ce fumier d'Arthur ? Qu'il remue déjà sa merde avant de patauger dans celle des autres ! Est-ce que moi, Frédéric, je m'occupe de ce qu'il trafique aux colonies ? Il ne perd rien pour attendre. S'il ramène sa gueule au pays, il

Sortie de Roche, direction Voncq, Paris, Marseille, Mer Rouge...

me trouvera. Haine des campagnes profondes. Haine digne des autres frères Cuif, leurs oncles, Charles-Félix, dit l'Africain, et Charles-Auguste, le soûlard fini. Les Rochois se régalent de les voir se réincarner dans les deux fils de la Vitalie. Sûr que l'Arthur trafique comme l'Africain ! Sûr que le Frédéric tourne comme le Charles-Auguste !

CHAPITRE IV

Verlaine, fermier à une lieue de Roche !

À peine Rimbaud est-il parti pour l'Arabie que Verlaine s'installe comme fermier à Juniville, à huit kilomètres de Roche ! Bientôt, il s'en rapproche plus encore en achetant une fermette à Coulommes, à une lieue de Roche. Cependant, jamais les deux poètes ne se rencontrèrent en Champagne ardennaise. Leur seul et unique séjour commun dans les Ardennes françaises ne dura que quelques heures. Ce fut le 9 juillet 1872. Ce jour-là, nous les avons vus débarquer ensemble à la gare de Charleville, filer chez le père Bretagne, puis détaler de nuit pour les Ardennes belges, en passant par Gespunsart et Pussemange. L'arrivée de Verlaine à Juniville, puis à Coulommes, ne tient pas à Rimbaud, mais à une pichenette du destin. En 1877, Paul, de retour d'Angleterre, rencontre Delahaye. Celui-ci lui suggère de prendre sa place de professeur au collège de Rethel. Du jour au lendemain, Verlaine se bombarde licencié d'anglais, une langue qu'il parle comme une vache de Chuffilly-Roche. Durant dix-huit mois, Paul fit un séjour remarqué au collège Notre-Dame de Rethel. Aujourd'hui encore, dans cette docte sous-préfecture des Ardennes, plus d'une âme pieuse continue à reprocher aux édiles locaux d'avoir donné le nom de Verlaine au lycée de la cité. Il est vrai que dans la ville et la campagne rethéloise, le neveu des tatas de Paliseul et de Jéhonville n'a pas fait que se répandre dans l'absinthe. Il est tombé amoureux d'un de ses élèves, Lucien Létinois, le fils d'un cultivateur de Coulommes. En 1880, Paul et Lucien décident de cultiver le bonheur en devenant fermiers à Juniville. À vingt kilomètres de là, Mme Rimbaud, à coup sûr, l'a appris. On regrettera que Mme Verlaine mère, venue à Juniville admirer les travaux champêtres de son fils, n'ait pas songé à faire le détour de Roche. Mme Rimbaud ne lui aurait pas claqué la porte au nez. Ne s'étaient-elles pas parfaitement comprises, lors de leur rencontre à Paris ?

Paul Verlaine, « écrivain ardennais »

En 1882, comme tous les Rochois, Mme Rimbaud et sa fille n'ont pas manqué de lire un long reportage du *Courrier des Ardennes*, intitulé « Nos Ardennes ». Il proposait la découverte du sud du département. Le 5 octobre, le directeur du journal présente lui-même l'auteur : « Un écrivain ardennais, M. Paul Verlaine, originaire de Juniville, et qui a conquis dans la jeune littérature une certaine situation par des œuvres poétiques fort originales, a bien voulu nous offrir, pour notre journal, une série d'articles sur les Ardennes. »

Découvrons avec Verlaine la campagne des Rimbaud-Cuif. Dommage qu'il n'ait pas accordé une seule ligne à Chuffilly-Roche ! En revanche, Attigny, l'ancienne capitale carolingienne où le chef saxon Widukind fut baptisé, retient toute son attention : « Ô l'Attigny moderne ! Rien de carlovingiaque que son église d'ailleurs mille fois réparée, belle au fond : riche calvaire, stalles et bancs dignes d'attention…, chaire exquise,… mais un portail affreusement pseudo-grec. La halle rappelle en miniature celle de Rethel. L'Aisne et le canal des Ardennes coulent parallèlement comme à Rethel, un peu plus larges, mais beaucoup plus nus. En somme, une gentille ville… Le chemin de fer d'Amagne à Vouziers est express au point de vue du touriste…, mais en ce qui concerne le pur voyageur, l'homme pressé…, il est assommant. L'hiver surtout, il faut aux infortunés qu'il trimbale piano, piano beaucoup de résignation et toute la gaieté française réfugiée en des cœurs ardennais pour prendre un gai parti de ce chauffage au verglas (car les bouillottes n'ont point encore pénétré dans ces

A deux pas de Roche, l'aube embrume Coulommes
et le souvenir d'un vilain fermier nommé… Verlaine.

wagons austères), et battre patiemment une semelle vigoureuse qui vous conduise à destination sans racine d'engelure, germe de rhumatisme ou prodrome de bronchite… »

Notre reporter, on s'en doute, s'attarde sur la capitale, Vouziers ! « Ville perchée, sorte de Laon en miniature…, on gravit des rues sales, au pavé monstrueux… Une très noble église, splendidement restaurée à l'intérieur, peut-être même un peu trop richement, présente un admirable portail aux trois voussures style pur Renaissance. »

En 1883, Lucien Létinois meurt de la typhoïde. La mère de Verlaine achète aux parents de Lucien la fermette de Malval, à Coulommes. Là, pense-t-elle, son Paul reprendra goût à la vie en semant des salades et en soufflant sur les petits pois en fleur. Désespéré, Verlaine écrit *Amour*, chef d'œuvre poétique où il témoigne des jours de bonheur bucolique partagés à Juniville avec Lucien Létinois.

> Je te voyais herser, rouler, faucher parfois,
> Consultant les anciens, inquiet d'un nuage…

Verlaine n'en finit pas de se soûler dans les auberges du coin à Attigny, Coulommes, Vaux-Champagne. Il a l'alcool mauvais, injurie les passants, se bagarre sur les bals des fêtes patronales. On le ramasse au bord d'une route où il a cuvé toute la nuit. Une épave. Il fait peur. Les femmes, les enfants le fuient.

Copains comme cochons

Cependant, à Coulommes, il se soucie de Rimbaud. Non pas de l'homme, mais de son œuvre, alors inconnue. En octobre 1883, il fait paraître, dans la revue *Lutèce*, six poèmes de Rimbaud: *Voyelles*, *Oraison du soir*, *Les Assis, Les Effarés, les Chercheuses de poux, Le Bateau ivre*. Fatalement, Verlaine tombe un jour sur Frédéric Rimbaud, cocher de l'omnibus hippomobile d'Attigny et familier des auberges fréquentées par le pochard de Coulommes. Paul feint d'ignorer ce que devient Arthur, alors qu'Ernest Delahaye lui a écrit qu'il avait quitté Chypre pour l'Arabie. Que sait Frédéric de Verlaine ? Qu'il est un peu poète et beaucoup ivrogne, un ivrogne dont les passagers de l'omnibus et les aubergistes du canton assurent la réputation. Des relations particulières et tumultueuses que son frère Arthur a entretenues avec Verlaine, Frédéric connaît peu de choses, maman-muraille n'étant pas du genre à confier pareilles histoires à son fils aîné. Mais Frédéric n'a pas oublié ce jour de juillet où, en pleine moisson, son frère Arthur, de retour de Bruxelles, est arrivé à Roche le bras en écharpe.

Déjà copains comme cochons, Frédéric Rimbaud et Paul Verlaine arrosent leur rencontre, se retrouvent dans d'autres auberges. Frédéric raconte que sa mère lui interdit, de nouveau, de se marier. Pire ! Cette fois, elle lui intente un procès parce qu'il veut épouser Blanche Justin, une fille sans le sou qui habite Roche. Frédéric traîne son frère Arthur dans la boue. Un pourri. Cul et chemise avec leur mère, de chez les Nègres, en Afrique, il se mêle de ses affaires, le fumier ! Paul Verlaine boit du petit-lait. Vraisemblable que ce soit Paul qui incite Frédéric à contre-attaquer en révélant le passé de son frère. Aux Rochois. Au tribunal qui instruit le procès. À Arthur lui-même. Frédéric s'est-il livré à un odieux chantage en proposant à son frère d'acheter son silence ? Sordide affaire. Alerté par sa mère en Arabie, Arthur panique. Les Rochois imaginent déjà Arthur l'Africain rentrant au village pour y régler ses comptes avec Frédéric. À la manière des deux frères Cuif quand le Charles-Félix, dit l'Africain, de retour d'Algérie, pointa son groin dans la ferme familiale. Verlaine a-t-il poussé le vice jusqu'à rôder autour de la ferme des Rimbaud-Cuif ? A-t-il épié la mère d'Arthur à la sortie de la messe de Chuffilly ou de Rilly-aux-Oies ? On l'en croit capable, même de sang frais.

À Coulommes, Verlaine a parfois la visite de sa maman. Elle s'efforce d'assurer la survie financière de son fils, de le remettre dans le droit chemin. Le 16 février 1885, il la tabasse, la menace d'un couteau. La pauvre femme se réfugie chez les Dave, les épiciers de Coulommes. Ils alertent les gendarmes. Le scandale se répand dans tout le canton. Comme tout un chacun, à Roche, Mme veuve Rimbaud-Cuif apprend que Verlaine est condamné à passer quinze jours derrière les barreaux en bois de la débonnaire prison de Vouziers. Dommage qu'elle n'adresse pas un mot à la mère de Verlaine ! Pour lui dire que, de nouveau, Dieu tient à ce que toutes les deux portent la même croix. À ceci près : cette fois, ce n'est pas Arthur qui la fait damner, mais son fils aîné. Ah ! l'affreux Frédéric ! Dire qu'il a engrossé la denrée qu'il veut épouser ! Quand le fils maudit passe dans Roche avec l'omnibus, sa mère tend le poing, lui crie des injures, se signe.

CHAPITRE V

Le courrier du bout du monde

Le 1er juin 1885, jour des funérailles de Victor Hugo, Verlaine quitte à jamais les Ardennes. Dix jours plus tard, la Cour d'appel de Nancy met fin à deux ans de procès en autorisant Frédéric Rimbaud à épouser Blanche Justin. Ils se marient le 11 août, trois semaines après la naissance de leur petite Émilie. Triste été pour Vitalie Rimbaud-Cuif. Elle sombre dans la mélancolie. Son fils maudit triomphe. Et l'autre, l'Africain ? Il la laisse désespérément sans nouvelles. Le 10 octobre 1885, de Roche, elle écrit à Arthur, alors négociant à Aden, au bord de la mer Rouge :

« Arthur, mon fils,

« Ton silence est long, et pourquoi ce silence ? Heureux ceux qui n'ont pas d'enfants, ou bien heureux ceux qui ne les aiment pas : ils sont indifférents à tout ce qui peut leur arriver… Voici bien huit longs mois que nous n'avons eu de tes nouvelles. Il est inutile de te parler de nous, puisque ce qui nous concerne t'intéresse si peu. Cependant, il est impossible que tu nous oublies ainsi : que t'est-il donc arrivé ? N'as-tu plus ta liberté d'action ? Ou bien es-tu malade au point de ne pouvoir tenir ta plume ? Ou bien n'es-tu plus à Aden ? Serais-tu passé dans l'empire chinois ? En vérité, nous perdons la raison à force de te chercher ; et j'en reviens à dire : Heureux, oh !

bien heureux ceux qui n'ont point d'enfants, ou qui ne les aiment pas ! Ceux-là du moins, n'ont pas de déception à redouter, puisque leur cœur est fermé à tout ce qui les entoure... Tout donc à la volonté de Dieu. Quant à moi, j'ai fait ce que j'ai pu.

« V. Rimbaud. »

En lisant une telle lettre, on s'imagine qu'entre Arthur d'Arabie et sa mère la Rochoise, rien n'est changé. Même au bout du monde, elle continue de le sermonner, de le mener à la baguette, de le battre comme linge sur le bord du lavoir. Croire cela est tout simplement se situer aux antipodes de la vérité. Plus Arthur s'éloigne des Ardennes, plus Arthur s'enfonce dans les implacables déserts, plus il se rapproche de sa mère et de sa terre natale. C'est dans le chaudron d'Aden ou de Harar, c'est dans l'implacable reg somali que Rimbaud le négociant, Rimbaud l'explorateur devient un vrai Cuif, un authentique paysan ardennais, le digne fils de sa maman. Le fils dont elle a toujours rêvé ! Il ne gâche plus sa vie, il la gagne. Royalement. Il accumule des rentes et de l'or. Il se soucie des siens. Il se soucie des récoltes de la ferme familiale. Il parle de se marier. Il se range. Il se range du côté de sa mère, il lui écrit qu'elle a bien raison d'avoir fichu dehors « le salopard de Frédéric ». Un jour, Arthur se retirera dans les Ardennes avec une fortune colossale et une femme bien. Il possédera des terres à Roche et des maisons à Charleville. Il sera la fierté de la famille. Il vengera l'honneur des Cuif, tant et tant bafoué par ses oncles et sa crapule de frère, le cocher de l'omnibus d'Attigny.

« N'oubliez pas votre fils et votre frère ! »

En découvrant le courrier du bout du monde, jamais, au grand jamais, on ne pourrait croire que l'auteur de telles lettres fut un bouffeur de curés et de bourgeois, qu'il s'est vautré dans la fange de Verlaine, qu'il a traîné sa mère plus bas que terre, qu'il fut barbare ! De mars 1880 jusqu'à mai 1891, durant les onze années consécutives qu'il passera en Arabie ou en Abyssinie, Rimbaud ne cessera d'entretenir avec sa mère et sa sœur une correspondance souvent débordante d'affection et de gratitude. Quel fils et quel frère exemplaire ! Même s'il feint de tenir ses distances, en commençant ses lettres par cette étrange formule : « Chers amis ». Feuilletons l'abondant courrier que le poète honoraire adressa à ses chers amis de Roche, canton d'Attigny, Ardennes, France !

« Aden, 2 novembre 1880. – (...) Je suis encore ici pour un certain temps, quoique je sois engagé pour un autre poste sur lequel je dois me diriger prochainement. La maison a fondé une agence dans le Harar, une contrée que vous trouverez sur la carte au sud-est de l'Abyssinie... Je suis engagé aux appointements de 150 roupies par mois, c'est-à-dire 330 francs, soit 11 francs par jour, plus la nourriture, tous les frais de voyage et 2 % sur les bénéfices... Je suis vraiment trop occupé aujourd'hui pour vous en écrire plus long. Je souhaite seulement que vous vous portiez bien et que l'hiver ne soit pas trop dur. Donnez-moi de vos nouvelles en détail. Pour moi, j'espère faire quelques économies. »

« Harar, le 15 janvier 1881. – (...) Nous allons avoir, en cette ville-ci, un évêque catholique qui sera probablement seul catholique du pays. Nous sommes ici dans le Galla. Nous faisons venir un appareil photographique, et je vous enverrai des vues du pays et des gens. Nous recevons aussi le matériel de préparateur d'histoire naturelle, et je pourrai vous envoyer des oiseaux et des animaux qu'on n'a pas encore vus en Europe... Je suis heureux d'entendre que vous pensez à moi et que vos affaires vont assez bien. J'espère que cela marchera chez vous le mieux possible. De mon côté, je tâcherai de rendre mon travail intéressant et lucratif. »

« Harar, vendredi 22 juillet 1881. – (...) Je ne vous oublie pas du tout..., je pense à vous, et je ne pense qu'à vous... Je vous souhaite réussite dans vos petits travaux. Ne vous fatiguez pas !... La santé et la vie ne sont-elles pas plus précieuses que toutes les autres saletés au monde ? Vivez tranquillement. »

« Harar, 2 septembre 1881. – (...) C'est mon plaisir premier d'avoir de vos nouvelles... J'ai fait donner l'ordre de vous adresser à Roche, par la Poste, 1 165 roupies. Prière de me prévenir dès que vous aurez reçu et de placer cette somme convenablement. »

« Harar, 7 novembre 1881. – (…) Je vais prochainement faire une grande expédition, peut-être jusqu'à Choa, un nom que vous voyez dans vos cartes. Soyez tranquilles, je ne m'aventure jamais qu'à bon escient. Il y aurait beaucoup à faire et à gagner ici, si le pays n'était entouré de brigands qui coupent les routes des meilleurs débouchés… Quoi qu'il arrive, je prends plaisir à penser que vos petites affaires vont bien. Si vous avez besoin, prenez ce qui est à moi : c'est à vous. »

« Aden, le 15 avril 1882. – (…) Un capitaliste de mon espèce n'a rien à craindre de ses spéculations, ni de celles des autres… Dans un mois, je serai ou de retour à Harar, ou en route pour Zanzibar… À l'avenir, je n'oublierai pas de vous écrire par chaque poste… »

« Aden, 8 décembre 1882. – (…) Vous avez de moi une somme de 2 500 francs, d'il y a deux ans. Prenez à votre compte les terres que vous avez achetées avec cela… Je vous ai dernièrement envoyé une liste de livres à m'expédier ici. Je vous en prie, ne jetez pas ma commission au diable ! Je vais repartir au continent africain, pour plusieurs années. Mettez ces livres dans une caisse… Joignez-y ces deux ouvrages : *Traité complet des chemins de fer* par Couche (chez Dunod, quai des Augustins, à Paris) ; *Traité de Mécanique* de l'École de Châlons. »

« Aden, 19 mars 1883. – (…) Je voudrais faire rapidement, en quatre ou cinq ans, une cinquantaine de mille francs ; et je me marierai ensuite. Je pars demain pour Zeilah. Vous n'aurez plus de nouvelles de moi avant deux mois. Je vous souhaite beau temps, santé, prospérité. Tout à vous. »

« Harar, 6 mai 1883. – (…) Isabelle a bien tort de ne pas se marier si quelqu'un de sérieux et d'instruit se présente, quelqu'un avec un avenir. La vie est comme cela, et la solitude est une mauvaise chose, ici-bas. Pour moi, je regrette de ne pas être marié et avoir une famille. »

« Aden, le 31 juillet 1884. – (…) Je vous souhaite bonne récolte et que le choléra se tienne loin de vous… »

« Aden, le 7 octobre 1884. – Je reçois votre lettre du 23 7bre, vos nouvelles m'attristent, ce que vous me racontez de Frédéric est très ennuyeux et peut nous porter grand préjudice à nous autres. Ce me gênerait assez, par exemple, que l'on sache que j'ai un pareil oiseau pour frère. Ça ne m'étonne d'ailleurs pas de ce Frédéric : c'est un parfait idiot, nous l'avons toujours su, et nous admirions toujours la dureté de sa caboche. Vous n'avez pas besoin de me dire de ne pas engager de correspondance avec lui. Quant à lui donner q.que chose, ce que je gagne est trop péniblement amassé pour que j'en fasse cadeau à un Bédouin de ce genre qui matériellement est moins fatigué que moi, j'en suis sûr. Enfin, j'espère cependant pour vous et pour moi qu'il finira par cesser cette comédie. Quant à exercer sa langue sur mon compte, ma conduite est connue ici comme ailleurs. J'ai une très bonne réputation ici, qui me permettra de gagner ma vie convenablement. Si j'ai eu des moments malheureux auparavant, je n'ai jamais cherché à vivre aux dépens des gens ni au moyen du mal. »

« Tadjourah, le 3 décembre 1885. – (...) Je suis ici en train de former ma caravane pour le Choa... N'allez pas croire que je sois devenu marchand d'esclaves. Les marchandises que nous importons sont des fusils... Au roi du Choa, Ménélik II, on les vend une quarantaine de francs... Les gens de la route sont des Donkalis, pasteurs bédouins, musulmans fanatiques : ils sont à craindre... »

« Le Caire, 23 août 1887. – (...) Je suis venu ici parce que les chaleurs étaient épouvantables cette année, dans la mer Rouge : tout le temps 50 à 60 degrés... J'ai pensé que deux ou trois mois ici me remettraient ; mais c'est encore des frais, car je ne trouve rien à faire ici, et la vie est à l'européenne et assez chère... J'ai peur de perdre le peu que j'ai. Figurez-vous que je porte continuellement dans ma ceinture seize mille et quelques cents francs d'or ; ça pèse une huitaine de kilos et ça me flanque la dysenterie... Enfin, envoyez-moi de vos nouvelles. Je vous souhaite paix et bonheur. Bien à vous. »

« Harar, 15 mai 1888 – (...) Pourriez-vous me donner le nom des plus grands fabricants de drap de Sedan ou du département ? Je voudrais leur demander de légères consignations de leurs étoffes : elles seraient de placement au Harar et en Abyssinie… Portez-vous bien et prospérez. »

« Harar, 10 novembre 1888. – (…) Écrivez-moi plus souvent. N'oubliez pas votre fils et votre frère ! »

« Harar, 10 janvier 1889. – Ma chère maman, ma chère sœur… C'est bien mon intention de faire la donation dont vous parlez. Il ne me plaît pas, en effet, de penser que le peu que j'aurai péniblement amassé serve à faire ripailler ceux qui ne m'ont jamais écrit une seule lettre. »

CHAPITRE VI

La gare de Voncq

Onze années durant, les courriers d'Arabie et d'Abyssinie déposèrent dans la ferme de Roche des noms chargés d'or, de rêves et de terreurs. Djeddah, Souakim, Massaoua, Hodoihah, Harar, Bubassa… Mme Rimbaud et Isabelle suivaient l'odyssée d'Arthur sur des cartes. Sans doute les avaient-elles affichées au mur et marquaient-elles d'une épingle chacune des haltes du voyageur. Sottiro, Tadjourah, Ankober, Entotto. Dans la pénombre de la cuisine, les têtes d'épingle brillaient comme un collier de pierres précieuses. Pour le préserver des cannibales et des bêtes féroces, la mère et la sœur du chercheur d'or garnissaient son portrait de houppettes de buis. Sur le buffet, un crucifix et une statuette de la Vierge flanquaient les photographies du bout du monde. Un instantané de lui tondu comme bagnard. Des vues de lieux écrasés de chaleur et de misère. Arthur ne les quittait pas. Dans la cuisine, elles croisaient ses chemins et son regard. La mère le couvait, et pas seulement des yeux. Réclamait-il des livres, par exemple un *Traité de géologie et minéralogie pratiques*, qu'elle se précipitait chez le libraire d'Attigny. Pas de mois où, sur la table de ferme, elle ne ficelât des colis volumineux. Jamais Rimbaud ne fut autant choyé par sa mère. Elle était aux petits soins pour son grand gamin. Elle était à ses ordres.

Un jour, *Le Courrier des Ardennes* annonce que des sauvages ont massacré une caravane d'Européens entre Zeilah et Harar. Pour Mme Rimbaud, ces lieux sont devenus aussi familiers que Chuffilly,

Coulommes ou Attigny. Elle imagine le pire. Une lettre de Harar, datée du 25 février 1890, la rassure en partie: «On massacre, en effet, et l'on pille pas mal dans ces parages. Heureusement que je ne me suis pas encore trouvé à ces occasions-là, et je compte bien ne pas laisser ma peau par ici – ce serait bête!»

Il est dommage que les Rochois se soient alors obstinés à ne pas lire *Le Petit Ardennais*, le nouveau quotidien du département. À leurs yeux, il incarnait le Diable, puisque socialiste. Dans son édition du 8 février 1890, ce journal citait le nom de Harar. Non à cause des tragiques événements qui venaient de s'y dérouler, mais à propos du «poète Arthur Rimbaud, né en 1854 à Charleville (...), l'un des chefs de cette poésie précieuse et bizarre dont se réclament trop facilement des Décadents... On dit qu'il est présentement en Afrique, à Harar». Voilà qui aurait stupéfié la mère et la sœur d'Arthur! S'il avait eu connaissance de cet article signé par «Pierre l'Ardennais», Rimbaud aurait reconnu la plume malicieuse de son ami Louis Pierquin!

« On ampute ma jambe. Danger de mort »

En février 1891, un an après la parution du premier article que lui consacre la presse ardennaise, ce sont non pas des livres qu'Arthur réclame à sa mère, mais «des bas pour varices... (le pied est n° 41 pour la chaussure). Il faut que ce bas monte par-dessus le genou, car il y a une varice au-dessus du jarret... Cette infirmité m'a été causée par de trop grands efforts à cheval... Ces bas pour varices se trouvent peut-être à Vouziers. En tout cas, le médecin de la maison peut en faire venir un bon, de n'importe où.»

Sur-le-champ, Mme Rimbaud alerte le médecin de famille, le docteur Beaudier, d'Attigny. Des varices? Pas de quoi s'affoler. Le 27 mars, elle expédie à Harar «un pot de pommade pour graisser les varices, et deux bas élastiques qui ont été faits à Paris». Elle signale «qu'il fait très froid» et que «les blés sont complètement gelés». Elle rassure son fils au sujet de la santé de sa petite sœur: elle va mieux. Depuis des semaines, elle souffrait beaucoup du genou. Il désenfle.

Un mois plus tard, d'Aden, Rimbaud répond:

Gare de Voncq, 23 août 1891, 12 h 40 : « Voici le train. Arthur dans son fauteuil est transporté, hélas ! non sans souffrance… Il pleure. Oh ! ce moignon, quel bourreau ! »
(Isabelle Rimbaud, sœur du poète)

« J'ai bien reçu votre lettre et vos deux bas, mais je les ai reçus dans de tristes circonstances… Depuis une vingtaine de jours, j'étais couché au Harar et dans l'impossibilité de faire un seul mouvement, souffrant des douleurs atroces et ne dormant jamais. Je louai seize Nègres porteurs, à raison de 15 thalaris l'un, du Harar à Zeilah ; je fis fabriquer une civière recouverte d'une toile, et c'est là-dedans que je viens de faire, en douze jours, les 300 kilomètres de désert qui séparent les monts du Harar du port de Zeilah. Inutile de vous dire quelles souffrances j'ai subies en route… Arrivé ici, je suis entré à l'hôpital européen… J'ai envie de me faire porter à un vapeur, et de venir me faire traiter en France… Hélas ! que notre vie est donc misérable ! Je vous salue de cœur.

« Rimbaud.

« P.S. : Quant aux bas, ils sont inutiles. Je les revendrai quelque part. »

Isabelle ne va pas bien. Arthur est au plus mal. Chez l'une et chez l'autre, une histoire de genou. Vitalie, leur sœur, à dix-huit ans, avait succombé d'une tumeur au genou. Vitalie Rimbaud-Cuif repousse la buse à coups de fourche et de crucifix. Son Arthur, son Isabelle… Non, cette maladie n'est ni héréditaire ni contagieuse ! Arthur va guérir. Le 22 mai, elle donne un pourboire au porteur de dépêches :

« Aujourd'hui, toi ou Isabelle, venez à Marseille par train express. Lundi matin, on ampute ma jambe. Danger de mort. Affaires sérieuses à régler. Arthur. Répondez : Rimbaud, hôpital Conception. »

Aussitôt, la mère fait atteler la carriole. La poste d'Attigny, au grand galop. Télégramme :

« Je pars. Arriverai demain soir. Courage et patience. Veuve Rimbaud. »

Depuis onze ans ils ne se sont pas revus. Chaudes larmes chez l'un. Yeux embués de l'autre. Le surlendemain, Arthur est amputé de la jambe aux deux tiers. Cancer. Le 9 juin, malgré les supplications du fils, la mère repart pour Roche. Elle a ses raisons. D'abord, l'état de santé d'Isabelle. Ensuite, la ferme où juin n'attend pas. Enfin, l'incroyable affaire du service militaire d'Arthur. Les gendarmes de Vouziers menacent de le porter déserteur. Il a oublié de remplir les papiers, ou bien ils se sont égarés. Au demeurant, il n'a rien à craindre puisque son frère aîné a été soldat. Ce fait irréfutable exempte Arthur. Mais l'armée fait la sourde oreille et les Rochois se régalent. Dès son retour, c'est décidé : Mme Rimbaud ira confier l'affaire à un avocat de Châlons-sur-Marne.

En burnous, au marché d'Attigny

Alors, la petite sœur devient la lumière d'Arthur, son espérance, sa vraie maman. Isabelle a trente et un ans. C'est à elle et à elle seule que Rimbaud livre ses chairs et son âme en lambeaux. Jamais lettres d'Arthur ne furent aussi bouleversantes :

« Marseille, le 10 juillet 1891. – Ma chère sœur... Je recommence donc à béquiller... Où sont les courses à travers monts, les cavalcades, les promenades, les déserts, les rivières et les mers ? Et à présent l'existence de cul-de-jatte !... Ma vie est passée, je ne suis plus qu'un tronçon immobile... Je voudrais bien rentrer à Roche... »

De la ferme familiale, la petite sœur l'exhorte à la patience. Avec des béquilles, avec une jambe artificielle, il pourra de nouveau marcher sur les chemins de l'espérance et sur les routes de la campagne ardennaise :

« Roches, le 30 juin 1891. – Allons, cher Arthur, courage ! Je vois par la fenêtre passer un homme qui a eu lui aussi une jambe amputée, mais il y a déjà longtemps (c'est, je crois, de la guerre 1870). Cet homme est juché sur une haute voiture de paniers, il s'arrête à l'auberge et descend aussi lestement que s'il avait ses deux jambes. Il remonte sur sa voiture aussi facilement qu'il en descend ; j'ai entendu dire qu'avec sa jambe de bois, il est le danseur le plus infatigable aux fêtes du village... »

« Roches, le 4 juillet 1891. – (...) Tu as raison d'essayer une jambe en bois ; il y a tout près d'ici un homme qui a eu la jambe coupée très haut, presque au ras du corps. Il semblait impossible de lui faire mettre une jambe articulée ; il en a une cependant, mais cela le fatigue beaucoup, il préfère une jambe en bois, c'est bien plus léger et maniable... Prends patience, cher Arthur, sois courageux, et reçois mes meilleurs baisers. Isabelle. »

Entre Roche et Chuffilly, la chapelle de l'écart de Méry.
Mme Rimbaud et sa fille Isabelle y priaient Dieu de veiller sur Arthur l'Africain.

D'une laideur massacrante, mais fière comme Artaban, la gare de Voncq triomphe, solitaire, à l'orée du canal, à trois kilomètres de Roche. Le 24 juillet 1891, Isabelle y attend Arthur, de retour de l'hôpital de Marseille. Le tortillard siffle, gronde, s'immobilise dans un ferraillement rageur. Âcre nuage de fumée noire.

– Arthur !

– Isabelle !

Émue aux larmes, elle l'aide à descendre du wagon. D'abord la bonne jambe, puis la béquille, enfin la jambe de bois. Il tient debout. Isabelle l'enlace. Il a les yeux rouges. Il marche en claudiquant, mais Dieu soit loué, il n'est plus un *tronçon immobile*. Il marche ! Il plaisante avec le père Michel, leur commis de culture luxembourgeois. Comtesse, la jument, hennit. Arthur la tapote. Comtesse ! Il l'a connue pouliche. Le père Michel s'étonne de voir « monsieur Arthur » tout de blanc vêtu.

– Je suis un homme des déserts, un bédouin ! s'exclame Arthur.

Isabelle et le père Michel hissent le voyageur sur la carriole. « Hue, *Cotaîche* ! » En route pour Roche ! Au pas. Au rythme du poème *Comédie de la soif*.

> Mais fondre où fond ce nuage sans guide,
> – Oh ! favorisé de ce qui est frais !
> Expirer en ces violettes humides (…)

Senteur des foins retrouvés. Les prés de Fontenille où il apprit à ses sœurs à faner. Les croix des calvaires font signe. À chaque cahot, le moignon gonflé ne lui arrache plus des cris. Il grimace, c'est tout. Le colombier, l'entrée charretière, la cour et son immense fumier. Maman. La cuisine, la lourde table, la cheminée. Les cartes au mur et, sur le buffet, lui avec ses deux jambes et sa gueule d'aventurier. Repas de fête : canard de Barbarie et galette au sucre. Pour elles, du cidre doux que les mouches assaillent. Pour lui, du vin de Voncq. Comme il l'a désiré, il occupera une pièce du premier. Isabelle l'a remplie de fleurs des champs. Les draps sentent bon la lavande.

Dès qu'arrivent les malles d'Arabie, Isabelle organise la chambre à l'orientale. Nattes, tapis, cuivres. Et la ceinture aux huit kilos d'or ?

Été pourri. Entre deux averses, Isabelle l'aide à marcher jusqu'aux noisetiers du jardin. Ils rient. S'est-il bandé l'œil pour avoir l'air d'un pirate des mers ? En carriole, ils vont jusqu'au marché d'Attigny. Il porte un burnous. À coup sûr, un jour, ils ont croisé Frédéric et son omnibus. A-t-il fait une béquille d'honneur à son frère ? Bientôt, l'amputé doit se séparer de sa jambe de bois. Bientôt il doit rester alité. Le moignon ne cesse d'enfler. La douleur le torture. Le tilbury du docteur Beaudier s'arrête souvent devant la ferme des Rimbaud-Cuif. Infusions massives de pavot. Le fémur tranché gonfle et se violace. Un bras se paralyse. Il n'en finit pas de pleuvoir. Le ciel d'août se croit à la Toussaint. Récoltes désastreuses. Les paysans se lamentent. Dans la cheminée, le vent mugit comme en décembre. L'hiver s'engouffre dans la carcasse du malade. À sa petite sœur et à elle, Arthur confie qu'il veut aller réchauffer son corps en cendres au soleil de Harar. Il délire. C'est la faute au pavot :

> Seigneur, quand froide est la prairie
>
> …
>
> Faites s'abattre des grands cieux
> Les chers corbeaux délicieux.

« Que je souffre ! Que je souffre ! »

Le médecin d'Attigny ordonne le retour à l'hôpital de Marseille. Voyager dans un tel état ? Traverser la France quand on n'est plus qu'un *tronçon immobile* et pourri ? Il y a le bétail à nourrir. Il y a les travaux des champs. Maman reste à la ferme. C'est la petite sœur qui l'accompagne. En 1897, dans la *Revue blanche*, Isabelle racontera *Le Dernier Voyage de Rimbaud* :

« Le 23 août 1891, un mois juste après son arrivée, il repartait. Le voyage s'augura mal. Très ému, Arthur réclamait, dès 3 heures du matin, qu'on l'habillât et le conduisît à la gare distante d'environ 3 kilomètres. Le train passait à 6 heures et demie. Mais les domestiques n'en finissent pas d'atteler à la voiture qui doit le conduire au chemin de fer. En route, le cheval, dérangé probablement trop matin, refuse de marcher, et, point de fouet pour l'activer : Arthur ôte sa ceinture de cuir afin d'exciter le maudit animal : peine perdue ! Le train est parti depuis deux minutes quand on atteint la station de Voncq… Que faire ? Le froid brouillard matinal le faisait grelotter. Il se décida à rebrousser chemin vers la maison. Le second train partait à midi 40 minutes. À 9 heures et demie, il se réveille en sursaut et ordonne le départ tout de suite. C'était deux heures trop tôt. Par un suprême effort, il s'habilla seul, presque entièrement. Très excité, il veut partir à tout prix, vite, vite ! Il refuse de prendre aucun aliment ! Il n'a qu'une idée : partir ! La voiture est amenée. On va l'y transporter. Alors son excitation tombe tout d'un coup : il promène ses regards autour de lui et pleure : "Ô mon Dieu ! dit-il à travers ses larmes, ne trouverai-je pas une pierre pour appuyer ma tête et une demeure pour y mourir ? Ah ! j'aimerais mieux ne pas m'en aller ! Je voudrais revoir ici tous mes amis et leur distribuer ainsi qu'à vous ce que je possède…" Il nous tenait contre son cœur, dans ses pauvres bras ; il sanglotait. Nous lui disions : "Reste, veux-tu ? On te soignera bien, on ne te quittera plus jamais… – Non, répond-il en refoulant ses larmes, il faut essayer de guérir."

« On part. Et cette fois, c'est deux heures de pénible attente qu'il faut subir à la gare de Voncq. Il prend quelques gouttes d'élixir bromuré, breuvage nauséabond destiné à calmer tant soit peu l'agitation fébrile. En buvant pur un remède qui, fort étendu d'eau, est encore détestable au goût, ses yeux tombent sur les deux domestiques occupés à suivre ses mouvements d'un air d'ardente convoitise : les imbéciles s'imaginent sans doute qu'il vient d'absorber une liqueur délicieuse. Leur méprise éveille en Arthur un reflet de ses caustiques gaîtés d'autrefois. Il nous communique sa réflexion. En même temps une saillie d'esprit bien à lui s'échappe au sujet du parterre en miniature entretenu par le chef de gare (quelques pieds de reines-marguerites attristées autour d'un dahlia maigre, le tout cerné d'une rondelle de sable sous le marronnier qui nous ombrage).

« Coup de sifflet. Voici le train. Arthur dans son fauteuil est transporté, puis hissé dans le wagon, hélas ! non sans souffrance. Péniblement il s'installe sur les coussins. La trépidation du train lui est cruelle. Il pleure. Oh ! ce moignon, quel bourreau ! Il le tient à deux mains : "Que je souffre, que je souffre !" répète-t-il. Les oreillers et les coussins sont empilés sur la banquette de face. Il essaye de s'y appuyer, de se mettre debout, de s'asseoir... Il s'affaisse, brisé par l'effort... Amagne. Changement de train et 20 minutes d'arrêt. À la requête formulée, les employés s'empressent de descendre Arthur. On le mène en fauteuil roulant dans la salle d'attente grande ouverte... Enfin, on appelle les voyageurs en voiture. Le chef de gare, très complaisant, fait monter Arthur. Mais malgré ses "prenez garde !" et nos "allez bien doucement !", malgré les précautions évidentes des porteurs, des exclamations douloureuses s'échappent de ses lèvres. Quel martyre ! Et en quel état va-t-il arriver à Paris ? Il est assis sur le coussin rouge ; il a fait mettre sa valise contre lui et il s'y appuie du bras droit ; le burnous et la couverture atténuent un peu la dureté du soutien au membre malade ; du coude gauche il se soulève sur le bord de la fenêtre-portière. De cette façon, le tressautement est moins rude pour son pauvre moignon. »

« Qu'il fasse une bonne mort »

À l'hôpital de la Conception, Rimbaud se fait prénommer Jean. Du délire ? Une astuce de paysan pour échapper aux poursuites des autorités militaires. Comme si elles allaient envoyer sous les drapeaux un unijambiste ! L'armée, la terreur de Rimbaud. L'armée, le métier de son père. Le 5 octobre, de Marseille, Isabelle écrit à sa mère :

« J'espère que tu ne prendras pas la batteuse en ce moment, le père Warin ou un autre pourrait battre pour des fourrages et le peu de blé qu'il y a... J'espère que tu as tari la Petite. Elle fera son veau au commencement de novembre, n'hésite pas à la vendre, si elle est toujours en bon état. Les porcs doivent être aussi gros et bons à vendre. Qu'a donc eu Comtesse ? Prends garde aux autres chevaux, surtout à Charmante qui doit se trouver bien malheureuse, car je lui donnais souvent de l'avoine à part. Qui va rager le blé pour semer ? Que je souffre en pensant que je ne peux rien faire pour t'aider ! Je ne dois pas songer à quitter Arthur en ce moment ; il va mal, il s'affaiblit toujours, je ne demande qu'une chose : qu'il fasse une bonne mort... Ne t'inquiète pas de moi, chère maman. C'est ici qu'il faut venir pour se voir et se sentir respectée et même honorée comme on le mérite ; quelle différence entre les mœurs polies d'ici et la sauvage rustrerie de la belle jeunesse de Roches. »

Le 10 novembre, à Marseille, Arthur meurt dans les bras de sa petite sœur.

Saint Arthur

Le 28 novembre 1891, soit deux semaines après la célébration à Charleville des obsèques d'Arthur, sa sœur Isabelle, de retour à Roche, découvre dans *Le Courrier des Ardennes* un article consacré au « poète Arthur Rimbaud ». Elle tombe des nues. Arthur, poète ? Première nouvelle ! Le 15 décembre, nouvel article, dans *Le Petit Ardennais*, le journal des Rouges ! Une nécrologie incendiaire ! Oser écrire que Rimbaud, à Paris, en 1871, déclencha « l'enthousiasme des bons Communards » ! Prétendre qu'il extorqua de l'argent à sa mère pour se rendre en Allemagne ! Affirmer qu'il trafiqua en Hollande, à Sumatra, à Aden ! Attribuer son amputation à « une chute malheureuse » ! Quel sacrilège ! Aussitôt, Isabelle adresse une longue lettre au rédacteur en chef. Elle exige qu'il publie la pure vérité, la sienne : « Je ne sais où l'auteur de l'article a pu trouver ses histoires de la Commune, de Mazas, mêlées à une invraisemblable légende de misère noire : tout cela est un abominable tissu de contes injurieux… » « Jamais il n'est parti avec aucune caravane… » « Il est mort comme un saint, à Marseille… » Isabelle ignore que l'auteur de l'article est Delahaye. Au demeurant, sous la signature de M.D., le quotidien a reproduit la notice biographique donnée par Delahaye à une revue parisienne, les *Entretiens politiques et littéraires*. Verlaine est dans le coup. Pour les éditions Vanier, il prépare la publication d'une partie des œuvres de Rimbaud. Il doit en rédiger la préface. Alors, sous la bannière de sa mère, Isabelle se jette dans une croisade pour arracher Arthur-le-Pieux aux mains des Infidèles et des Rouges ! Oser écrire qu'il fut mécréant ! Oser publier *Les Premières Communions* ! Comme si Arthur avait pu écrire pareille insanité ! Ayant droit de son frère, Isabelle en interdit la publication. Il faudra toute la diplomatie de Louis Pierquin pour qu'elle finisse par céder. À la condition que l'édition soit expurgée et que Verlaine écrive la pure vérité sur le poète. En 1895, le livre

Le défunt cimetière de Méry où les Rimbaud-Cuif, Arthur compris, auraient dû reposer pour l'éternité.

paraît chez Vanier. Dans sa malicieuse préface, reprenant sans la citer les propos d'Isabelle, Verlaine écrit: «À l'hôpital de la Conception à Marseille, (...) l'inflammation survenant, la mort s'ensuivit, une mort chrétienne et douce, "la mort d'un saint", dit un biographe qui fut témoin oculaire.»

L'année suivante, Isabelle reçoit la lettre d'un certain Paterne Berrichon. De son vrai nom Pierre Dufour, ce littérateur et peintre parisien se présente comme un admirateur passionné de Rimbaud. Il veut écrire une vie du poète. Il attend d'Isabelle éclaircissements et documents. Il sera servi! Durant dix-huit mois, Isabelle adresse des lettres lumineuses à l'illuminé.

«*Une Saison en enfer* n'est-elle pas déjà une sorte de rétractation?... Au milieu des plus atroces souffrances physiques, une singulière sérénité descend en lui; il se résigne..., alors ce n'est plus un être humain, un malade, un moribond: c'est un saint, un martyr, un élu... Ce qui me déplaît intolérablement dans les Ardennes, c'est précisément l'opinion que font naître les prétendus faits sur lesquels (à Paris) vous vous étendez avec complaisance... En province, cela produit un scandale et déshonore celui qui en est l'objet.»

Le 1er juin 1897, par la grâce de saint Arthur, au grand dam de sa mère, Isabelle épouse Paterne Berrichon. Le vilain gendre se rachètera en écrivant *La Vie de Jean Arthur Rimbaud*. Son encrier, une burette! Sa plume, un encensoir! Il suffit pour s'en convaincre de lire comment le saint époux de la sainte Isabelle imagine saint Rimbaud, dans ses langes. Fils surnaturel des comtes d'Orange, né «les yeux ouverts», le bébé Arthur, à trois mois, possédait déjà un sens étonnant du voyage puisqu'il sautait hors du couffin pour se sauver, à quatre pattes, vers l'escalier.

Dommage que Dieu ne l'eût pas déjà doté d'ailes, le cher ange! Dommage que *La Vie charmante d'Arthur Rimbaud*, titre original de l'ouvrage, ne fût pas retenu!

Le nez de Robespierre et « Le Petit Ardennais »

Sa fille mariée, Mme Rimbaud-Cuif décide de quitter Roche. Elle a soixante-douze ans. Elle se retire à Charleville, au 2 de la place Carnot (aujourd'hui place Churchill). Isabelle Rimbaud et Paterne

Berrichon vivent à Paris. L'été, ils séjournent à Roche. Isabelle vaque aux travaux des champs avec le fermier. Paterne promène son chevalet. Il peint la ferme familiale, fait le portrait de son épouse et celui de grandes figures locales, notamment l'abbé Chatelain, curé de Voncq et ami de Gambetta. À l'été 1900, une œuvre le retient dans son atelier parisien. Il s'agit de sculpter le buste de Rimbaud destiné à être érigé dans le square de la Gare de sa ville natale. L'idée, on s'en doute, n'a pas germé dans la tête des élus carolopolitains. C'est un comité parisien de vingt-quatre personnalités, dont Ernest Delahaye, qui a prié le maire de Charleville de les laisser mener à bien leur projet. Avec un argument de poids : eux, les Parisiens, qui règlent tous les frais ! N'ayant pas connu Rimbaud vivant, Paterne Berrichon travaille sur la photo. Isabelle, sa femme, lui apporte une aide enfiévrée. La maquette achevée, Paterne en adresse une copie à Ernest Delahaye. L'ami d'Arthur propose les retouches suivantes : « 1° Son front pourrait être arrondi en œuf… 2° Les yeux sont peut-être un peu féminins. 3° Le bout du nez était moins gros. Rimbaud avait le nez à la Robespierre. »

L'inauguration du buste de Rimbaud se déroule le 21 juillet 1901, square de la Gare, à Charleville. Il pleut à torrents. Quel orage ! Le préfet tire sur le cordon. Le voile tricolore tombe dans la mare. Le poète au profil de Robespierre découvre le square aux accents de *la Marseillaise* exécutée par la musique du régiment d'infanterie de Mézières. Discours d'usage. L'orchestre militaire joue *Le Bateau ivre*, une symphonie écrite par un Lillois. Mme Rimbaud et sa fille Isabelle ont évidemment décliné l'invitation. Pas question pour elles de se mêler à des gens qui continuent à écrire des mensonges sur la vie et l'œuvre d'Arthur. Sans compter que Frédéric, le maudit, risque d'être présent. Il est là, en effet, le frère d'Arthur, endimanché et ravi de se pavaner parmi les personnalités. Père de trois enfants, Émilie, Nelly et Léon, il a divorcé de Blanche Justin en 1895. Trois semaines après la mort d'Arthur, Frédéric a reçu un courrier de Rodolphe Darzens. L'homme de lettres et journaliste parisien écrit :

« J'ai fait connaissance, à Paris, de G. Izambard, Delahaye et Paul Demeny… Je voulais, grâce aux lettres et aux poésies que ces messieurs m'avaient confiées, publier une étude très complète sur votre frère lorsque la malhonnêteté d'un éditeur (…) m'en empêcha. »

Rodolphe Darzens attend de Frédéric qu'il lui fournisse une photographie de Rimbaud et des renseignements sur sa vie. En échange, il lui propose de l'abonner à *La Petite République*, journal qu'il dirige. Frédéric Rimbaud répond le 10 décembre 1891. Il a beau signer « Rimbaud Frédéric, conducteur d'omnibus à Attigny (Ardennes) », ce qu'il est Cuif, le frère d'Arthur ! En terre inconnue, un mot est comme un pas. On le pousse avec précaution. « Merci mille fois des marques de sympathie que vous avez pour mon frère Arthur ; puissent ces marques adoucir le chagrin de sa mort, car nous avons toujours été camarades… Je connais parfaitement Georges Izambard, qui était professeur au collège de Charleville… » Se doutant qu'Ernest Delahaye a affirmé à Rodolphe Darzens que le frère de Rimbaud est un idiot cabochard, Frédéric veille, l'air de rien, à rhabiller Ernest pour l'hiver. « Quant au fameux Delahaye, dont la mère était épicière à Mézières, et lui petit employé à la préfecture, un ami avec qui j'ai fait quelques noces, j'ai perdu ses traces depuis longtemps… Vous me dites qu'un éditeur malhonnête vous a soustrait un manuscrit : je vous crois, mais vous auriez dû l'avoir à l'œil. » Dès lors qu'il a prouvé qu'il n'est ni idiot ni cabochard ni encore moins quelqu'un qu'on berne, Frédéric peut marcher droit vers l'essentiel : « Vous me demandez un portrait de mon frère : hélas ! je ne puis vous en procurer. » Et Frédéric d'emboîter aussitôt le pas sur le fond du problème.

« Vous me forcez d'avouer ma situation vis-à-vis de ma mère. D'une bonne famille, le père capitaine, la mère riche à environ trois cent mille francs, suis son fils Frédéric R. Je me suis allié, après deux années de procès, à une jeune fille qui n'avait rien. Depuis environ dix ans, je n'ai de nouvelles ni de ma mère, ni de ma sœur, ni jamais de mon frère qui avait été un très grand ami pour moi. Je pense que mon frère se sera laissé influencer par ma mère, et que par ce motif il ne m'a jamais donné de ses nouvelles. Donc, je ne puis fournir aucun renseignement précis. Je suis sûr que ma mère possède son portrait : en le lui demandant, à votre nom, sans parler de moi, vous pourriez l'obtenir. » Et ceci encore, histoire de faire damner sa mère et sa sœur : « Comme plus proche parent du défunt, j'autorise la publication de tout ce qui a trait à mon frère et sans aucun contrôle ! »

Cinq jours plus tard, il écrit au rédacteur en chef du *Petit Ardennais* afin de « confondre les langues mensongères qui prétendent que je suis l'auteur ou l'instigateur de l'article qui a paru dans *Le Petit Ardennais* concernant Arthur Rimbaud, mon frère. Que la personne qui a rédigé l'article signe son nom, comme l'a fait dans sa réponse, Isabelle Rimbaud, réponse que j'approuve et que je loue comme frère du poète... Je vous serai obligé, M. le Rédacteur, de publier ma lettre pour prouver que jamais je n'ai fourni aucun renseignement concernant mon frère Arthur Rimbaud. » Signé : « Frédéric Rimbaud, domestique à Attigny, frère du poète Arthur. »

Pas rien les ragots, les haines, chez les Cuif ! Ils se disputent la mémoire et l'œuvre de leur poète disparu comme s'il s'agissait de l'héritage d'une propriété de deux cents hectares entre Roche et Rilly-aux-Oies. Posséder et garder pour soi. Couver la terre et son honneur comme de l'or. Chez tous les Cuif, Arthur compris, est enraciné cet esprit grégaire, cet instinct primitif qui les unit et les divise.

La tribu

Le 2 août 1907, Mme veuve Vitalie Rimbaud-Cuif décède à Charleville, à l'âge de quatre-vingt-deux ans. L'inhumation a lieu dans le caveau de famille qu'elle a pour ainsi dire construit de ses mains dans le cimetière de la ville natale de ses enfants. Y reposent déjà son « bon père », sa chère petite Vitalie, son « pauvre Arthur ». L'y rejoindra un jour sa chère Isabelle, mais jamais, au grand jamais, Frédéric, son fils aîné. Lui, elle l'a interdit de séjour pour l'éternité. Elle avait fait son devoir envers les trois enfants du fils maudit. À sa façon. Apprenant que leur mère les aurait abandonnés et que leur père avait demandé le divorce, elle décida de les mettre en pension à Reims : Émilie et Nelly à l'orphelinat Saint-Rémi, Léon à l'institution Bethléem. Pour autant, elle n'adressa jamais la parole à ses seuls petits-enfants. Pas même le jour où elle les conduisit à l'orphelinat !

En 1911, quand Isabelle apprend que son frère Frédéric se meurt à l'hôpital de Vouziers, elle se rend à son chevet pour lui dire qu'elle veillera à ce qu'il soit inhumé dans le caveau de famille. « Pas question, soupire-t-il. Vous m'avez fait trop souffrir. » Des années qu'il mène une vie de vagabond sur laquelle on ne sait rien, pas plus que l'endroit où il est inhumé.

Isabelle n'a pas attendu la mort de Frédéric pour s'occuper de ses trois enfants. Elle accomplit son œuvre charitable avec d'autant plus de foi qu'elle et Paterne Berrichon, son mari, souffrent de ne pas avoir d'enfant. Quand Émilie et Nelly quittent l'orphelinat, le couple les héberge un temps à Paris où il réside. Isabelle et son mari décident d'adopter Léon, le fils de Frédéric. Seul à pouvoir assurer la pérennité du nom des Rimbaud, il ressemble physiquement à son oncle Arthur. La procédure d'adoption est en voie d'achèvement quand, en juillet 1914, Léon Rimbaud meurt à Paris, vraisemblablement des suites d'une maladie contractée à Dakar où il travaillait comme mécanicien de la marine. Au désespoir d'Isabelle s'ajoutent les malheurs de la guerre et le déclenchement d'un mal qui la ronge et la fait horriblement souffrir. Le mal qui a emporté sa petite sœur Vitalie et son frère Arthur : une tumeur cancéreuse du genou. Elle meurt le 20 juin 1917, à l'hôpital Américain de Neuilly. Le 15 mai 1922, elle est inhumée dans le caveau de famille du cimetière de Charleville, une ville que sa mère, ses frères et elle-même n'ont jamais aimée. Parce qu'ils s'y sentaient et s'y savaient exilés. Leur terroir, leur univers, c'est Roche. Là que tous ensemble, Arthur et Frédéric compris, ils auraient dû cultiver leur arpent d'éternité. Dans le minuscule cimetière tapi sous la chapelle de l'écart de Méry.

En 1991, quand parut la première édition, plus succincte, de cet ouvrage, Julien Gracq m'adressa une lettre. Si je m'autorise à en reproduire un large extrait, c'est parce qu'en quelques lignes fulgurantes elle enracine Rimbaud dans la terre, les servitudes et les turpitudes de la tribu des Cuif.

« Votre livre apporte – en tout cas pour moi – un éclairage beaucoup plus vif sur les relations de famille de Rimbaud, dont j'ai toujours pensé qu'elles avaient joué – positivement, négativement – un rôle capital dans sa vie. Et aussi un enracinement paysan, dans cette famille tellement opiniâtre que Charleville, en fait, n'apparaît que comme un intermède précaire, un épisode urbain presque sans portée avant le retour de la tribu à Roche, qui reste le tuf nourricier, haï, incongédiable. »

ÉPILOGUE

Folklore et passion

C'est Jean-Paul Vaillant, fondateur de la revue *La Grive*, qui, en 1925, rappelle aux autorités de Charleville qu'un illustre poète naquit en leur bonne ville en 1854 et y repose depuis 1891. Non sans peine, décision est prise au conseil municipal de financer en partie la réalisation d'un deuxième buste de Rimbaud, le premier ayant été enlevé et fondu par les Allemands durant la Grande Guerre. Il sera érigé au même endroit, square de la Gare. L'inauguration a lieu le dimanche 23 octobre 1927, soit trois jours après le soixante-treizième anniversaire de la naissance d'Arthur. Temps de Toussaint. Froid crachin. Pendant les discours, autour de la statue conçue par Alphonse Colle, circule un tract en forme d'obus. Au recto, les vilains mots de Rimbaud sur *Charlestown*. Au verso, une prédiction : la prochaine guerre se chargera, comme la précédente, de fondre le buste pour en faire un obus. Entre le vin d'honneur et le banquet, les personnalités se rendent en cortège dans l'ancien pensionnat du Sacré-Cœur devenu musée municipal où ils contemplent quatre objets ayant appartenu au poète : sa fourchette, son couteau, sa timbale, un flacon de parfum.

En 1929, Jean-Paul Vaillant crée l'association des Amis de Rimbaud, dont le premier bulletin paraît en 1931. Durant la Seconde Guerre mondiale, les Allemands se chargent évidemment de la fusion du fameux buste. Inlassable et passionné, Jean-Paul Vaillant !

Lui qui propose et obtient que, dans le cadre de la commémoration du centenaire de la naissance de Rimbaud, un troisième buste soit érigé. Le dimanche 17 octobre 1954, à 11 heures, place de la Gare, à Charleville, Jean Berthoin, ministre de l'Éducation, passe en revue un détachement du régiment de Mézières. L'hymne national retentit. La statue dévoilée, monsieur le ministre, monsieur l'académicien Georges Duhamel et d'autres éminentes personnalités discourent. Seule fausse note à cette auguste journée: l'absence de Paul Claudel. Il a répondu à Jean-Paul Vaillant: «Les célébrations vulgaires avec orphéons, pompiers… me paraissent déplacées. Une messe aurait suffi.»

Il faut toute la pugnacité de son député-maire André Lebon, celui-là même qui, en 1966, réussit l'impossible en fusionnant administrativement Charleville et Mézières, pour qu'en 1969, Charleville-Mézières accepte d'offrir à Rimbaud la consécration d'un musée portant son nom. Le Vieux-Moulin! On ne pouvait mieux choisir pour rassembler et exposer les reliques du poète rassemblées par le fabuleux fouineur que fut Stéphane Taute, alors conservateur du musée et de la bibliothèque de Charleville. Le Vieux-Moulin! Son bras de Meuse et son île où le collégien Arthur sauta dans la barque d'un tanneur et hissa les voiles du *Bateau ivre*! Le Vieux-Moulin bordé par le quai Rimbaud, autrefois quai de la Madeleine, où les Rimbaud-Cuif louèrent une maison de 1869 à 1875.

Une terrine

La ville natale de Rimbaud saisit enfin la gloire et le profit qu'elle peut tirer de la renommée planétaire de son illustre enfant. Une librairie, une association culturelle, un restaurant, un centre de thérapie, un Lion's Club, une terrine, une truffe de chocolat portent son nom. Une fois l'an s'y dispute la course pédestre «les Semelles de vent». Il arrive que, lors d'une campagne électorale, un candidat du cru cite Rimbaud dans sa profession de foi. Non pas «ma ville natale est supérieurement idiote entre les petites villes de province», mais «il faut être absolument moderne». Tel celui de sainte Bernadette à Lourdes, ou celui de Charles de Gaulle à Colombey, le portrait de Rimbaud s'expose partout. Dans le salon d'honneur du préfet. Dans le hall d'accueil du commissariat de police, d'une banque, d'un hôpital, de la gare. Sur toute la façade d'une tour HLM du quartier de la Ronde-Couture. Sur les boîtes de confiserie de luxe. Impensable que la ville natale de son providentiel Arthur ne possède qu'une statue de lui, celle du square de la Gare où son profil, surtout au soleil couchant, rappelle celui de Tintin, autre grand aventurier ! En 1991, dans le cadre de la commémoration du centenaire de la mort de Rimbaud, Charleville-Mézières accueille deux nouvelles statues. Œuvres de sculpteurs ardennais, elles sont cependant radicalement différentes. Hervé Tonglet a taillé dans le roc un gamin d'Ardenne, *Petit Poucet* plus songeur que *rêveur*, désormais condamné à monter la garde à l'entrée, côté Meuse, du collège Arthur-Rimbaud. Sculpté dans le bronze, le Rimbaud de Michel Gillet se veut *absolument moderne*. Un météore en forme de cœur ? Un cœur en forme de météore ? L'un ou l'autre est planté derrière le musée Rimbaud.

Feu de camp devant la tombe

C'est surtout en été que des centaines et des centaines de pèlerins affluent à Charleville. On peut les classer en trois catégories. D'abord, les touristes ordinaires, de loin les plus nombreux. Ils visitent Rimbaud comme un monument : le Michelin ou le guide du car dit que c'est à voir, avec la place Ducale, bien sûr. Cette démarche automatique les conduit à acheter, rue du Moulin ou ailleurs, des boîtes de chocolats, des assiettes, des baromètres, des cendriers ornés d'un portrait riche en couleurs de Rimbaud. Ils peuvent aussi se procurer des tee-shirts frappés à l'effigie d'Arthur. Sur de jeunes et jolies poitrines, le poète y rêve encore et toujours « de la chair de leurs cous blancs brodés de mèches folles ». La seconde catégorie de visiteurs, infiniment moins nombreuse que la précédente, est celle des spécialistes et des chercheurs. Venus du monde entier, ils commencent par vivre Rimbaud dans Charleville. Après avoir fleuri la tombe, ils s'engloutissent dans le fonds Rimbaud de la bibliothèque municipale. Un peu plus nombreuse, mais autrement remarquable est la dernière catégorie : celle des fans du poète. Ces croisés

Dans le Vieux-Moulin de Charleville, Rimbaud a son musée.
Dessous coule la Meuse. La roue à aubes a disparu.

prennent Charleville comme d'autres Jérusalem. À leurs yeux, les Carolomacériens sont des infidèles, des mécréants, des barbaresques. Cette croisade rassemble des gens de tous les âges, de toutes les couleurs, de toutes les catégories sociales. Les jeunes en constituent le fer de lance. Souvent chevelus comme le Mérovingien du Theux, baïonnette à la guitare, ils vont chanter leur inconsolable détresse sur la tombe du cimetière de l'avenue Boutet. Un jour, le gardien dut appeler du secours pour en chasser des fans bataves. De nuit, après avoir escaladé le mur d'enceinte, ils avaient allumé un feu de camp devant la tombe des Rimbaud. Il faudrait songer à y installer une boîte aux lettres, de façon discrète, cela va de soi, par exemple, derrière le monument. Il arrive, en effet, que des auteurs javanais, ougandais, péruviens et même belges ou français adressent leur roman ou leur recueil poétique à « M. Arthur Rimbaud, cimetière de Charleville, Ardennes, France ». Plus hasardeux sont les envois expédiés à la maison natale d'Arthur. La Poste les retourne avec la mention « N'habite plus à l'adresse indiquée ».

Parfois, au musée Rimbaud, on frôle la scène d'hystérie, notamment chez un autre type de fans : longue robe, strict chignon, lunettes. Costaud, la cinquantaine bien tassée. Ce ne sont pas toujours des professeurs de Lettres ou de littérature. Un de mes amis, aujourd'hui disparu et qui fut longtemps le gardien du temple, a conservé jusqu'à la fin de ses jours le souvenir ému d'une dame de Bordeaux. Sa transe était telle au sein du musée Rimbaud que mon ami dut recourir à un stratagème dont il m'a, hélas ! demandé de garder le secret. Les hôtes de marque, et particulièrement les préfets, n'échappent pas à l'atmosphère diabolique du lieu. Bien de leurs discours devraient être édités. Lors d'une manifestation rimbaldocaroloculturelle, j'ai entendu un élu local affirmer dans son discours officiel que lui aussi était poète et révolutionnaire comme l'auteur du *Bateau ivre*. Brandissant soudain un poing vengeur dans la direction de la rue Thiers, il s'est exclamé : « Qu'est-ce qu'on attend pour la débaptiser, cette rue Thiers ? Qu'est-ce qu'on attend pour l'appeler rue de la Commune-de-Paris ? » « Dommage qu'Arthur ne soit pas là », m'a alors soufflé André Dhôtel.

Foi et ardeur

Tout ce folklore ne doit pas faire oublier l'essentiel. Charleville est devenue la capitale mondiale de ce qu'Alain Borer nomme joliment la Rimbaldie. Cela ne tient pas seulement à la mémoire et à l'esprit des lieux, à une pierre tombale, à un remous de la Meuse. Ici est née une « passion Rimbaud » noble, saine, enracinée, voulue par des pionniers locaux. À Jean-Paul Vaillant, André Lebon, Stéphane Taute dont l'action fut déjà évoquée, il faut ajouter celle de l'écrivain Pierre Petitfils. Né en 1908 à Charleville, il fut, dès son enfance, élevé dans le culte de Rimbaud. Son grand-père Élysée Petitfils a été en classe avec Arthur, à l'Institution Rossat. Longtemps directeur de la revue *Rimbaud vivant*, Pierre Petitfils est l'auteur d'une magistrale biographie du poète. Lors de sa réédition, en 1991, il m'écrivait : « Le but de mon *Rimbaud* est d'inciter les chercheurs à aller plus loin, à fouiller plus profond. Cent ans après sa mort, on commence à entrevoir ce que fut Rimbaud. »

Passion de chercher, passion de transmettre, passion de partager. Passion de faire de Charleville-Mézières le centre mondial d'étude de la vie et de l'œuvre de Rimbaud. Le musée Arthur-Rimbaud et le fonds Rimbaud de la bibliothèque municipale s'y emploient avec foi et ardeur. Depuis 1945, le fonds s'est considérablement enrichi de documents souvent uniques : photographies, lettres autographes, manuscrits du poète, éditions rares de l'œuvre, manuscrit du journal de Vitalie… La mission s'annonce de plus en plus difficile tant, d'année en année, la vente de tout ce qui touche à Rimbaud fait grimper les enchères d'une manière vertigineuse. Plus de quatre cent cinquante-sept mille euros, en l'an 2000, pour deux feuillets d'*Une Saison en enfer* !

À *Charlestown*, la célébration en octobre 2004 du cent cinquantième anniversaire de la naissance de Rimbaud sera, sans doute, aussi éclatante que celle, en 1991, du centenaire de sa mort. Il y aura, à coup sûr, des discours officiels, probablement un spectacle son et lumière, un feu d'artifice. Il y aura surtout l'inauguration du « Parcours Rimbaud » et de la « Maison Rimbaud ». Fléché dans la ville, le « Parcours » permettra à chacune de ses étapes de lire et d’entendre ce qui enracine le lieu dans la vie et dans l’œuvre du poète. Ainsi, square de la Gare, tandis que le visiteur découvrira les *mesquines pelouses*, l’audioguide récitera le poème *À la musique* et racontera qu’ici, en 1852, le capitaine Frédéric Rimbaud a rencontré Mlle Vitalie Cuif.

Au printemps 2001, la ville de Charleville-Mézières a acquis la maison où le poète vécut de 1869 à 1875, précisément au 5 bis, quai de la Madeleine (aujourd’hui 7, quai Rimbaud). Dès 2004, elle sera ouverte au public sous le nom de « Maison Rimbaud ». Bien que située à trente mètres du musée, elle n’en sera pas, à proprement parler, une annexe. Pas question d’y reconstituer l’intérieur des Rimbaud, d’y exposer le soi-disant lit où il coucha, la prétendue table sur laquelle il écrivit le *Bateau ivre* ! Ce qui compte et qui sera préservé, c’est l’âme du lieu. La fenêtre ouverte sur la Meuse. L’escalier qui, au retour de Londres, a grincé sous ses godillots. La cour où la petite Vitalie, gravement malade, fit ses derniers pas.

Étonnante et significative histoire que celle du financement des coûteux travaux de la rénovation de la toiture de la maison Rimbaud ! L’idée est d’Alain Tourneux, le conservateur du musée. Aussitôt relayée par l’association des Amis de Rimbaud, elle consiste à proposer aux fans du poète d’acheter les vieilles ardoises du toit et par là même d’apporter sa pierre à l’édifice. Du monde entier, les commandes affluent. Posséder une ardoise ayant protégé Arthur de la pluie et de l’outrage du temps, pouvoir l’exposer dans son salon, la caresser du regard et de la main, pouvoir y graver un mot d’amour, quelle providence !

Les Rochois à la télé

Et à Roche, que fait-on pour Rimbaud ? Est-ce qu’on y vend des cailloux ou des mottes de terre provenant du lieu où s’élevait l’imposante ferme des Cuif anéantie par la guerre ?

Après le désastre de 1918, les Rochois ont autre chose à faire que de cultiver le souvenir de Rimbaud. La venue de Paul Claudel ne les impressionne pas outre mesure, même si une rumeur l’accompagne : Isabelle aurait voulu lui léguer la ferme des Cuif. En 1954, année de la commémoration du centenaire de la naissance du poète, à l’initiative de Guy Desson, député des Ardennes et cinéphile passionné, Pierre Desgraupes et Pierre Dumayet se rendent à Roche afin d'y filmer et d'y interviewer celles et ceux qui ont connu les Rimbaud-Cuif. L'extraordinaire témoignage sera diffusé à la télévision, dans l'émission « Lectures pour tous ». Beaucoup plus qu'un morceau de bravoure. Un monument ! Images du bout et de fin du monde. Pierre Desgraupes et Pierre Dumayet enlisés dans la boue jusqu'à mi-botte. « Une femme rude, pas aimable, déclare M. Massé au sujet de Mme Rimbaud dont il fut, un temps, le fermier. Un jour, poursuit-il, elle a craché sur les *souyï* de mon père... Le dimanche, quand elle revenait de la messe, elle *crossait* les gens. Sa fille Isabelle n'était pas comme elle. Elle était gentille, Isabelle. » Interrogé au sujet de Rimbaud, il confond Arthur et Frédéric : « M. Rimbaud était un homme intelligent, mais il faisait la bringue. Vous savez, il n'était pas reçu chez lui. » Passe devant la caméra un attelage de chevaux de trait charriant un ciel couleur boue. Ancien voisin de Vitalie Rimbaud-Cuif, André Fricoteau la rhabille pour l'hiver. Il revoit Arthur passer tous les après-midi dans une charrette à cheval. « Il avait une jambe de bois, portait un chapeau blanc. C'était lui qui tenait les rênes. Des chevaux fringants ! Il avait pas peur ! » Au tour de M. Poncelet de témoigner. Une fois la semaine, il déposait la revue *La Veillée des chaumières* chez Mme Rimbaud. Une fichue grippe-sou. Un 31 décembre, elle l'a envoyé paître parce que l'abonnement venait d'augmenter de un franc. « J'y étais pour rien ! », commente M. Poncelet. Lui aussi a vu Arthur se promener en charrette à cheval, mais « c'était sa mère qui conduisait ». Pierre Dumayet demande si Roche se souvient de Verlaine. « Très mauvais souvenir ! soupire la mère de M. Poncelet. Un buveur. » Elle sait de quoi elle cause puisque son cousin, M. Coutin, était garde-champêtre à Coulommes au temps où Verlaine y était fermier. « Il avait des mœurs pas ordinaires », ajoute M. Poncelet. Pas plus que André Fricoteau et M. Massé, les Poncelet n'ont lu du Rimbaud. « Nous autres, on lit le journal, confie Mme Poncelet. Puis alors, on a son travail. » Filles de Frédéric Rimbaud et nièces d'Arthur, Émilie Tessier, soixante-dix ans, et Nelly Lecourt, de quatre ans sa cadette, avouent qu'elles avaient plus de quarante ans quand elles apprirent que leur oncle Arthur était un poète. « C'était vers 1930, raconte

Émilie Tessier-Rimbaud. Monsieur Ernest Delahaye a écrit à ma sœur et à moi, pour nous dire que vu qu'Isabelle et son mari Paterne étaient morts, c'était à nous maintenant de toucher les droits d'auteur. Nous avons été voir au Mercure de France, à Paris. » Elles ont une concurrente, la deuxième femme de Paterne Berrichon. L'affaire est portée en justice. Les nièces d'Arthur perdent le procès. À Pierre Desgraupes qui s'étonne qu'elles aient attendu aussi longtemps avant d'apprendre l'existence dans leur famille d'un célèbre poète, Émilie rétorque : « Toute notre jeunesse, nous avons été enfermées au couvent, monsieur ! » Le « couvent », c'est l'orphelinat de Reims où leur grand-mère Vitalie les plaça alors qu'Émilie avait sept ans et sa sœur quatre. « Un jour, raconte Émilie, je devais avoir quatre ans, mon père a voulu se réconcilier avec sa mère. Il m'a emmenée chez elle. Je la vois encore : une grande femme noire ! Elle ne m'a pas causé. Elle a agi. Elle a brandi le balai. Nous nous sommes sauvés. » Nelly ajoute : « Au couvent, à Reims, mon père venait nous voir deux fois par an. » À l'évocation de leur tante Isabelle, les deux sœurs ont des mots et des regards moins durs. Cependant Émilie révèle qu'un jour, alors qu'elle avait vingt et un ans, elle appela au secours le curé de Roche en ces termes : « Faut me trouver un mari, un bossu, un bancal, qu'importe pourvu que je quitte de chez ma tante Isabelle ! » À la fin de l'interview, Pierre Dumayet demande aux deux nièces d'Arthur si elles possèdent des livres de Rimbaud. Émilie déclare : « On en avait avant guerre. Ils ont disparu. Nous n'en rachèterons que quand Rimbaud sera tombé dans le domaine public ! »

De Gaulle et deux Templiers

Neuf ans après ce mémorable entretien, en avril 1963, Nelly Lecourt-Rimbaud, la plus jeune des nièces d'Arthur, est de nouveau à l'honneur. Lors du voyage officiel du général de Gaulle dans les Ardennes, elle lui est présentée sous les ors des salons de la préfecture. Le président de la République demande si elle a connu son oncle. « Non, répond-elle, j'avais deux ans quand il est mort. » Interrogée sur ses goûts en poésie, Nelly coupe court : « Je suis cultivatrice, dit-elle. Mon père, lui, était voiturier. »

En 1978, deux Carolomacériens véritablement fous de Rimbaud décident d'abandonner Charleville-Mézières pour aller habiter Roche, précisément dans la maison construite à l'emplacement de l'ancienne ferme des Cuif dont il ne reste qu'une sainte relique, une portion du mur d'enceinte. Des Templiers, Paul et Jacqueline! Investis d'une sainte mission, ils veulent libérer Arthur de la tyrannie de sa ville natale qui ose l'emprisonner dans un musée. À leurs yeux, il suffit de fouiller tout Roche et tout Rimbaud s'éclaircira, y compris le mystère de la ceinture aux huit kilos d'or. Paul s'arme d'une pioche, d'une pelle, d'un tamis, d'une loupe. Il fouille de fond en comble le jardin, les haies, les souches, les ronciers de l'ancienne ferme des Cuif. Il creuse des trous dans le terroir de Roche, détaille pierre à pierre les murs et murets, fouille le lit de la Loire, non pas le fleuve, mais la rivière qui arrose Roche et qui, selon Paul, a inspiré à Arthur le poème *La Rivière de Cassis*. Pour Paul, un caillou couleur pépite d'or, une boucle rouillée de ceinturon, un *R* et un *A* gravés sur une pierre du mur rescapé de la ferme des Cuif sont autant de signes intangibles de ce que jour et nuit, il découvre entre les lignes d'Arthur: la présence de son absence, l'absence de sa présence, la preuve divine qu'il communique avec Lui. Paul et Jacqueline s'empressent d'ériger une stèle devant leur maison rochoise. À la fois flamme et glaive, elle porte cette inscription: «Ici, Rimbaud a écrit son chef-d'œuvre, *Une Saison en enfer*.»

Vite, au tour de l'autre chef-d'œuvre rochois, *Le Bateau ivre*! Pour Paul et Jacqueline, son port d'attache n'est pas Charleville, mais le lavoir municipal de Roche. Pauvre lavoir, dans quel piteux état ils le trouvent! Les lavandières et la municipalité l'ont laissé tomber. Il sombre corps et âme dans une mare glauque. Afin de convaincre les édiles rochois de l'obligation financière qu'il y a de participer à sa résurrection, Paul découvre la preuve irréfutable de la dimension divine de l'agonisant.

Sur une poutre de la charpente bouffée par les vers, qui, sinon Rimbaud, a écrit ces mots? «Ici brille un cœur sûr, j'ai devant moi un mur de larmes, l'espérance de l'Amour contre le génie de la Poésie.» Convaincu de l'importance de la mission, le conseil municipal de Roche vote un crédit pour la résurrection du lavoir. Son

A Roche, la place – privée – Arthur-Rimbaud. La plaque fut apposée par les anciens propriétaires de la maison, construite là où se trouvait la ferme des Cuif.

inauguration a lieu le 12 octobre 1980. Une plaque est dévoilée. « Ici Rimbaud écrivit *Le Bateau ivre.* » La nuit suivante, une Renault 4 fracasse le mausolée flambant neuf. Aucun rapport avec le geste vengeur d'un « fou de Rimbaud » outragé de voir Roche s'emparer de la cargaison du *Bateau ivre*. L'automobiliste revenait de la maternité de Vouziers où il avait conduit son épouse en toute hâte. Il ne fut pas blessé dans l'accident. Les deux seules victimes furent Paul et Jacqueline. Deux ans après la mort tragique du lavoir, ils quittèrent Roche, sans pour autant abandonner leur quête passionnée.

« Village de Rimbaud »

En 1988, à l'initiative de son président Jacques Sourdille, le Conseil général des Ardennes s'investit dans une action beaucoup plus prosaïque. Promu au rang de « village de Rimbaud », le hameau de Roche devient une étape de la route touristique Rimbaud-Verlaine. Le lavoir, reconstruit, est signalé par un nouveau panneau doté d'une nouvelle et diplomatique inscription. Reniant la précédente qui prétendait « Ici, Rimbaud écrivit *Le Bateau ivre* », elle ménage cependant la chèvre et le chou afin de sauver l'honneur des Rochois et d'imposer un intérêt touristique au site : « Lavoir de Roche. La fréquentation de ces lieux aurait inspiré Rimbaud. » !

Le « village de Rimbaud » va-t-il enfin sortir de l'ombre où la gloire éclatante de la ville natale du poète le confine ? Relayant l'action du Conseil général, Maryse Aubry, qui habite à côté de la défunte ferme des Cuif, s'y emploie avec une ardeur exemplaire et une saine passion. Elle fonde en 1990 l'association Roche-Rimbaud, rassemble les documents concernant Arthur le Rochois, les expose dans… sa maison. Même si le poney-club de Roche a pris pour nom « Aux sabots de vent », il est peu probable qu'un jour le « village de Rimbaud » offre au glorieux fils de Vitalie Cuif ce qu'à vingt kilomètres de là, Juniville a consacré à Verlaine : un musée ! L'essentiel, à Roche, n'est ni le lavoir ni le fameux mur, fatalement disposés l'un et l'autre à accueillir les lamentations parfois spectaculaires de certains pèlerins venus du bout du monde. Ici, ce qui compte, c'est la dérision du néant anéanti par les guerres, l'oppression du silence, le désert de la terre et du ciel. Ici, plus encore qu'à Charleville, Rimbaud vit. Dans la chapelle de Méry où sa mère priait pour lui. Dans la gare de Voncq où, le matin du 23 août 1891, le chemin de fer fut un épouvantable chemin de croix. Pèlerins, attention ! Vendue à une famille hollandaise, la gare de Voncq est devenue une propriété privée. Quant à l'écart de Méry, il est mal signalé sur la route entre Roche et Chuffilly.

Pour qui veut espérer connaître Rimbaud, il s'impose d'aller dans les Ardennes marcher sur ses pas. *L'homme aux semelles de vent* est aussi d'un terroir. Un Ardennais de l'océane forêt et de la Meuse impassible, un homme marqué par les horreurs de la guerre et l'interdit de la frontière. Un poète qui a eu recours au patois de son pays natal pour dire en un seul mot toute la détresse et toute la misère de son enfance.

> Et pour des visions écrasant son œil *darne*
> Il écoutait grouiller les galeux espaliers.

Darne ? Longtemps le mot a hanté les explorateurs de l'œuvre de Rimbaud. Ils avaient beau lancer à ses trousses les meilleurs linguistes, s'engouffrer dans les ouvrages les plus rares, impossible d'en trouver le sens ! Il leur aurait suffi de se douter que, Rimbaud étant un Ardennais, il entendait parler le patois de son pays. Aujourd'hui, dans le village où j'habite, celui-là même où Arthur fut mis en nourrice dans une famille de cloutiers, n'importe qui vous dira qu'être «*darne*, c'est *darniyi*, avoir des *darnaisons*». Constatant que vous ne comprenez pas, il ajoutera : «Des vertiges, quoi ! Tout qui tourne dans la tête et autour !» Voilà qui donne à regretter que Rimbaud ait préféré embarquer «la flache» dans *Le Bateau ivre* plutôt que notre *ouache* ! En ardennais, la *ouache* désigne la flaque d'eau d'une ornière d'un chemin forestier.

> Si je désire une eau d'Europe, c'est la flache
> Noire et froide où vers le crépuscule embaumé
> Un enfant accroupi plein de tristesses, lâche
> Un bateau frêle comme un papillon de mai.

La Semois, à Bouillon. « J'ai une soif à craindre la gangrène : les rivières ardennaises et belges, les cavernes, voilà ce que je regrette. » (Lettre à Delahaye, Paris, juin 1872).

Bibliographie

BARTELT Franz, *D'une Ardenne et de l'Autre*, Quorum, 1997.

BARTELT Franz, *Suite à Verlaine*, Finn, 1998.

BERRICHON Paterne, *La Vie de Jean Arthur Rimbaud*, Mercure de France, 1897.

BONNEFOY Yves, *Rimbaud*, Seuil, 1961.

BORER Alain, *Rimbaud en Abyssinie*, Seuil, 1985.

BORER Alain, *Rimbaud, l'heure de la fuite*, Gallimard, 1991.

BOURGUIGNON Jean et HOUIN Charles, *Vie d'Arthur Rimbaud*, Payot, 1991.

BRIET Suzanne, *Madame Rimbaud, essai de biographie*, Minard, 1968.

BRIET Suzanne, *Rimbaud notre prochain*, Nouvelles Éditions Latines, 1956.

BRUNEL Pierre, *Arthur Rimbaud ou l'Éclatant Désastre*, Champ Vallon, 1983.

CARRÉ Jean-Marie, *Souvenirs d'un ami de Rimbaud, Louis Pierquin*, Revue du Mercure de France, mai 1924.

CARRÉ Jean-Marie, *Vie de Rimbaud*, Plon, 1939.

COLINET René, *Métallurgie ardennaise*, Castor et Pollux, 2001.

DARDART Gérald, *Charleville-Mézières, le Guide*, G.D.P., 2003.

DARDART Gérald, *Charleville-Mézières*, Sopaic, 2000.

DELAHAYE Ernest, *Rimbaud, l'artiste et l'être moral*, Albert Messein, 1923.

DELAHAYE Ernest, Souvenirs familiers à propos de Rimbaud, in: *Revue d'Ardenne et d'Argonne*, mars 1907 à mai 1909.

DHÔTEL André, *L'Œuvre logique de Rimbaud*, Les Cahiers Ardennais, 1933.

DHÔTEL André, *La Vie de Rimbaud*, Albin Michel, 1965.

DHÔTEL André, *La Vie passagère*, poèmes, Phébus, 1978.

DHÔTEL André, *Lointaines Ardennes*, Arthaud, 1979.

DUMONT-WILDEN, *La Belgique illustrée*, reprint Larousse, 1915.

EIGELDINGER Frédéric, GENDE André, *Delahaye, témoin de Rimbaud*, La Baconnière, 1974.

GOFFIN Robert, *Sur les traces d'Arthur Rimbaud*, Éditions du Sagittaire, 1934.

GRACQ Julien, *En lisant en écrivant*, Corti, 1980.

HUREAUX Yanny, *Le Guide des Ardennes*, La Manufacture, 1990.

IZAMBARD Georges, *Rimbaud tel que je l'ai connu*, Mercure de France, 1963.

JEANCOLAS Claude, *Les Voyages de Rimbaud*, Balland, 1991.

JEANCOLAS Claude, *Passion Rimbaud*, Textuel, 1998.

JEANCOLAS Claude, *Rimbaud*, Flammarion, 1999.

JEANCOLAS Claude, *Rimbaud*, l'œuvre intégrale manuscrite, Textuel, 1997.

KUNEL Maurice, *Verlaine et Rimbaud en Belgique*, Soledi, 1945.

LALANDE Françoise, *Madame Rimbaud*, Presses de la Renaissance, 1987.

LAMBERT Jacques, *Campagnes et paysans des Ardennes (1830-1914)*, Terres ardennaises, 1988.

LAMBOT Jean-Pierre, *L'Ardenne*, Mardaga, 1987.
LEFRÈRE Jean-Jacques, *Arthur Rimbaud*, Fayard, 2001.
LEMPEREUR Émile, *Charleroi à cœur ouvert*, Duculot, 1977.
MATARASSO Henri, PETITFILS Pierre, *Album Rimbaud*, Bibliothèque de la Pléiade, Gallimard, 1967.
MATARASSO Henri, PETITFILS Pierre, *Vie d'Arthur Rimbaud*, Hachette, 1962.
MINORE Renato, *Rimbaud*, Mondadori, 1991.
MOUQUET Jules, *Rimbaud raconté par Paul Verlaine*, Mercure de France, 1934.
PETITFILS Pierre, *Rimbaud au fil des ans*, musée-bibliothèque Rimbaud, Charleville-Mézières, 1984.
PETITFILS Pierre, *Rimbaud*, Julliard, 1982.
PETITFILS Pierre, *Verlaine*, Julliard, 1981.
RIMBAUD Arthur, *Œuvres complètes*, édition établie, présentée et annotée par Antoine Adam, Bibliothèque de la Pléiade, Gallimard, 1972.
RIMBAUD Arthur, *Œuvre-vie,* édition établie par Alain Borer, Arléa, 1991.
RIMBAUD Isabelle, *Reliques*, Mercure de France, 1921 (préface de Marguerite-Yerta Méléra).
RIMBAUD Vitalie, *Journal,* in: *Parade sauvage*, Bibliothèque de Charleville-Mézières, 1991.
RIMBAUD Vitalie, *Journal*, publié par Antoine Adam, Bibliothèque de la Pléiade, Gallimard, 1972.
ROGISSART Jean, *Ardennes*, Atmo, 1979.
STARKIE Enid, *Rimbaud*, traduction d'Alain Borer, Flammarion, 1982.
STEINMETZ Jean-Luc, *Rimbaud*, Tallandier, 1991.
TAUTE Stéphane, *Charleville-Mézières*, S.A.E.P., 1984.
VAILLANT Jean-Paul, *Rimbaud tel qu'il fut*, Le Rouge et le Noir, 1930.
VELTER André, *Écrire au long cours*, L'Atelier des Brisants, 2003

Ouvrages collectifs
Le centenaire de Rimbaud, La Grive, octobre 1954.
La route Rimbaud-Verlaine, Terres ardennaises, 1991.
J'arrive ce matin. L'universo poetico di Arthur Rimbaud, Electa, 1998.
Verlaine en Ardennes, La Manufacture, 1985.
Rimbaldomania, Verlainomanie, Les Amis de l'Ardenne, 2002.
Charleville-Mézières, Bonneton, 1991.
La Vie des cloutiers ardennais au XIXe siècle, l'exemple de Gespunsart, commune de Gespunsart, 1982.
Semoy Semois, Les Amis de l'Ardenne, 2001.
1870 dans les Ardennes, in: *Études ardennaises*, juillet 1960.

Périodiques rimbaldiens
Cahiers du centre culturel Arthur-Rimbaud, musée-bibliothèque, Charleville-Mézières.
Parade sauvage, musée-bibliothèque, Charleville-Mézières.
Publications de l'association des Amis de Rimbaud:
Bulletin des Amis de Rimbaud, revue *La Grive*, 1931 à 1939.
Le Bateau ivre, 1949 à 1966.
Études Rimbaldiennes, Minard, 1968 à 1972.
Rimbaud Vivant, depuis 1973.

Repères biographiques

1825 Naissance à Roche de Vitalie Cuif (mère du poète).

1852 Le capitaine Frédéric Rimbaud (père du poète) est affecté à la garnison de Mézières.

1854 Naissance à Charleville de Jean Nicolas Arthur Rimbaud (20 octobre).

1860 Le capitaine Rimbaud abandonne sa femme et ses quatre enfants (Frédéric, Arthur, Vitalie, Isabelle).

1863 Incendie de la ferme de Roche.

1865 Arthur entre au collège de Charleville.

1869 *Les Étrennes des orphelins.*

1870 Août : première fugue. Emprisonné à Paris, Arthur est rapatrié à Charleville par son professeur de rhétorique, Georges Izambard. Octobre : deuxième fugue. Fumay, Vireux, Charleroi, Bruxelles. Retour à Charleville à la fin du mois. À seize ans, Arthur devient Rimbaud. En cette année 1870, il écrit notamment *Ma bohème* et *Le Dormeur du val.*

1871 Janvier : bombardée par les Prussiens, Mézières capitule. Février : troisième fugue à Paris. Mars : retour à Charleville. Mai : bref séjour dans la capitale insurgée (Commune de Paris). Septembre : *Le Bateau ivre* ; Rimbaud rencontre Verlaine à Paris.

1872 Juillet : Rimbaud et Verlaine débarquent clandestinement chez Charles Bretagne, à Charleville. De nuit, par Gespunsart et Pussemange, ils gagnent la Belgique (Walcourt, Charleroi, Bruxelles) et séjournent à Londres. Décembre : retour d'Arthur à Charleville.

1873 Janvier : Rimbaud et Verlaine à Londres. Avril : Verlaine, à Namur, attend vainement sa femme. Arthur retrouve sa famille à Roche. Mai : Rimbaud et Verlaine se rencontrent dans les Ardennes belges (Sugny, Bouillon). Le 26, ils partent à Londres *via* Liège et Anvers. Juillet : à Bruxelles, Verlaine blesse Rimbaud d'un coup de revolver. Août : Arthur à Roche. Il y écrit *Une Saison en enfer*, sa dernière œuvre. Il a dix-neuf ans.

1874 Séjour à Londres. Retour en décembre, à Charleville.

1875 Février : il rejoint Verlaine à Stuttgart. Décembre : décès de Vitalie, la sœur du poète. Rimbaud est, alors, à Charleville.

1876 Après Vienne, Bruxelles et Rotterdam, il s'engage dans l'armée des Indes néerlandaises (mai). Son bataillon rejoint Java, Batavia, Samarang, Salatiga. Rimbaud déserte le 15 août. Retour en Europe, comme matelot. Charleville, en décembre.

1877 Séjour en Autriche. Revient à Charleville, d'où il repart pour l'Allemagne et la Scandinavie. Retour à Charleville. Embarque à Marseille pour Alexandrie. Malade, il est débarqué à Civitavecchia (Italie). Hiver à Charleville.

1878 Mme Rimbaud et sa fille Isabelle quittent Charleville pour s'installer à Roche. Arthur franchit les Alpes à pied, gagne Gênes d'où il embarque pour Alexandrie. De là, il part pour Chypre où il devient chef de chantier à Larnaca.

1879 Malade, il vient passer l'hiver dans les Ardennes.

1880 Retour à Chypre d'où il gagne Aden, en Arabie. Il y fait le commerce des peaux et du café. Traverse à cheval le désert somalien pour s'installer à Harar, en Abyssinie (Éthiopie).

1881-1884 Explore le Somal, le pays Galla. Rimbaud est le premier Européen à entrer dans l'Ogadine.

1885 Il vit six mois avec une femme abyssine.

1886 Il prend la tête d'une caravane de trente chameaux, portant deux mille fusils. Parution à son insu des *Illuminations*.

1888-1890 Commerçant indépendant à Harar.

1891 Souffrant d'une violente douleur dans le genou droit (février), Rimbaud se fait porter en civière à Zeilah (avril), liquide ses comptes à Aden. Amputation à Marseille (27 mai). Juillet à Roche. Retour à l'hôpital de la Conception de Marseille, où il meurt le 10 novembre. Inhumation dans le caveau de famille, à Charleville, le 14 novembre.

Sur les traces de Rimbaud

LA ROUTE RIMBAUD-VERLAINE

Itinéraire touristique institué par le Conseil général des Ardennes, la Route Rimbaud-Verlaine est jalonnée de panneaux où Arthur et Paul arborent un visage rassurant, celui d'un adolescent sage, celui d'un *clergyman* ! Elle invite à découvrir les Ardennes françaises où les deux poètes séjournèrent sans cependant jamais s'y rencontrer, sauf le fameux jour de 1873 où, après avoir accueilli en gare de Charleville Verlaine venu de Paris, Rimbaud fila clandestinement avec lui en Belgique. Le parcours exclusivement verlainien concerne Rethel, où Paul fut professeur au collège, Juniville où, soi-disant paysan, il vécut avec son élève Lucien Létinois, et Coulommes où, dans une ferme achetée par sa mère, il mena une vie de débauche, à quatre kilomètres de Roche. À Juniville, l'auberge du Lion d'Or est devenue un intéressant musée Verlaine (Tél. : 03 24 39 68 00).

Les grands sites rimbaldiens de la route touristique consacrée aux deux poètes sont Charleville et Roche. L'itinéraire permet aussi de suivre Rimbaud dans ses escapades ou ses fugues d'adolescent. Dans la campagne autour de Charleville, notamment à Romery où il se terrait dans une grotte. Dans les vallées de la Semoy et de la Meuse, au cœur de la forêt des légendes. On peut regretter que la Route Rimbaud-Verlaine oublie Gespunsart, où Arthur fut mis en nourrice chez une famille de cloutiers et où, à la barbe des douaniers, il passa du tabac belge et un certain Paul Verlaine.

Pour tout renseignement sur la Route Rimbaud-Verlaine, s'adresser au Comité départemental du tourisme des Ardennes françaises, 22, place Ducale, BP 419, 08107 Charleville-Mézières Cedex (Tél. : 03 24 56 06 08 ; fax : 03 24 59 20 10 ; e-mail : info@ardennes.com ; internet : www.ardennes.com).

UN MUSÉE ET UNE BIBLIOTHÈQUE, MÉMOIRES DE LA VIE ET DE L'ŒUVRE DE RIMBAUD

À Charleville-Mézières, le musée Arthur-Rimbaud se situe dans le Vieux-Moulin, en bord de Meuse, à deux pas de la place Ducale. Quelque quinze mille visiteurs venus de tous les continents le fréquentent chaque année. En 1991, année du centenaire de la mort du poète, la fréquentation a doublé. Dès 2006, une nouvelle muséographie permettra d'aborder de grands thèmes (Rimbaud collégien, Rimbaud le Rochois, Rimbaud l'Africain…) de manière vivante. Le musée est ouvert toute l'année, tous les jours sauf le lundi, quai Rimbaud, 08000 Charleville-Mézières (Tél. : 03 24 32 44 65 ; fax : 03 24 32 44 69 ; e-mail : musees@mairie-charlevillemezieres.fr).

Le fonds Rimbaud se situe à la bibliothèque municipale de Charleville-Mézières. Constamment enrichi, il contient aussi bien des éditions précieuses que des manuscrits (un millier de manuscrits sur près de quatre mille documents).

Renseignements sur le fonds Rimbaud : bibliothèque municipale, 4, place de l'Agriculture, 08000 Charleville-Mézières (Tél. : 03 24 33 33 53 ; fax : 03 24 59 02 22 ; e-mail : bibliotheque@bm-charlevillemezieres.fr ; internet : www.bm-charlevillemezieres.com).

Depuis octobre 1984, le musée-bibliothèque Rimbaud publie *Parade sauvage*, revue d'études rimbaldiennes. Pour s'abonner, écrire à *Parade sauvage,* bibliothèque municipale, BP 490, 08109 Charleville-Mézières.

MAISON ET PARCOURS RIMBAUD

Ouverte au public, la « Maison Rimbaud » est située 7, quai Rimbaud, en face du musée Rimbaud. Le poète y a vécu de 1869 à 1875.

Fléché dans Charleville-Mézières, le « Parcours Rimbaud » permet de découvrir les lieux carolomacériens immortalisés par le poète. Panneaux et audioguides apportent les témoignages utiles agrémentés de lecture de poèmes.

Pour tout renseignement, s'adresser au musée Rimbaud à l'office de tourisme de Charleville-Mézières et sa région, 4, place Ducale, 08000 Charleville-Mézières (Tél. : 03 24 55 69 90 ; fax : 03 24 55 69 89 ; e-mail : charl.mez@wanadoo.fr).

ASSOCIATION ROCHE-RIMBAUD

Elle s'efforce de perpétuer le souvenir du poète dans le hameau et la famille des Cuif. À son domicile rochois, Maryse Aubry, fondatrice et présidente de l'association, propose une exposition de documents.

Pour tout renseignement, écrire à l'Association Roche-Rimbaud, 08130 Chuffilly-Roche (Tél. : 03 24 71 22 21).

ASSOCIATION LES AMIS DE RIMBAUD

Association fondée en 1929 par Jean-Paul Vaillant, elle a son siège social à Paris. Elle publie la revue *Rimbaud vivant*, anime de nombreux débats, soutient étudiants et chercheurs qui partagent sa passion pour Rimbaud.

Pour tout renseignement, s'adresser à l'association des Amis de Rimbaud, 50, rue de Charonne, 75011 Paris (internet : www.ifrance.com/amis-de-rimbaud).

Index
des noms de personnes

Index des noms de lieux

Table

Impression et finition
Saint-Paul Imprimeur
55000 Bar le Duc
Dépôt légal : novembre 2003
N° 10-03-1157